まえがき

1983年シーズンも残すところ数試合となった10月半ばだった。

「明日の午前中に球団事務所にきてほしい」と鈴木恕夫球団代表から電話があった。時期的に来年の契約を結ばない、解雇の知らせだと直感した。この年は一軍登録が一度もなかった。それまでの4年間も一軍に昇格しては直ぐに二軍に舞い戻ることが多く、一軍に定着できずにいた。プロ野球選手としての能力や将来性に自分でも限界を感じていた。

当日、事務所を訪れると鈴木代表に開口一番「来年は選手としての契約はしない。スカウトとして考えてくれないか?」と告げられた。「クビ」は想定通りだったが、スカウトを打診されるとは思ってもみなかった。話があるとすれば打撃投手か、トレーニングコーチ補佐だと思っていた。

「え!? スカウト!?」

一瞬戸惑ったものの、気がついたときには「はい! よろしくお願いいたします!」と返事をしていた。

「三年間は丁稚奉公のつもりでスカウトとして勉強と経験を積みながら、将来に向けてドラゴンズの力になるように頼むよ」と鈴木代表に激励をいただき、私は正式にスカウトになった。

あれから40年近い歳月が過ぎた。この間、スカウトとして8名の監督の下で仕えさせていただいた。

スカウト人生のスタートは山内和弘監督（84－86年途中）だった。星野仙一監督（87年－91年、96年－01年）と高木守道監督（92－95年途中、11－12年）には二度仕えた。山田久志監督（02－03年途中）のあとは落合博満監督（04年－11年）。落合さんとは谷繁元信監督（14年－16年途中）の時代にはGMとスカウト部長という関係で仕事もした。そして森繁和監督（17－18年）、スカウト人生の最後は与田剛監督（19－21年）の下で、定年後の再雇用という形で「アマスカウト部アドバイザー」という肩書きで最後のご奉公をさせていただいた。

1人の野球人として、偉大な監督たちの下でスカウト業を担うことができたことを幸せに思う。

長いようで短かったスカウト人生だが、振り返れば、喜び、悲しみ、楽しみ、苦悩、葛藤、様々な感情の起伏が、ついこの前のように思い出される。

なかでも、特に印象深く、思い出に残っているのはやはり星野さんと落合さんの時代だ。星野さんには合計11年間仕え、落合さんにもGM時代も含めれば11年間仕えた。

星野さんには、「スカウトは5年後10年後のチームのことも考えないとダメだ」と、スカウトとしての心構えを叩き込まれた。厳しい方だったが「こんなのばっかり獲ってきやがって！」と独特の言い回しながらも、選手を鍛え上げて一人前に育ててくれた。「使ってみないとわからないから、とりあえず俺は使うよ」と常々言っていた星野さんには、「絶対に使ってくれる、育ててくれる」という信頼感があった。また、スカウトの熱意を受け止めてくれる人でもあった。そんな星野さんにスカウト会議の席で怒鳴られたこともあるし、あるときはクビを覚悟で具申したこともあった。

落合さんには「スカウトは良い選手を獲っているよな」と監督就任直後に褒めてもらったことがあった。素直に嬉しかった。星野さんのように怒鳴ったり怒ったりすることはない人だったが、その分あまり多くを語らない人でもあった。こちらがしつこく「どうなんですか？　どうなんですか？」と訊いて初めて「じゃあ言おうか」と理由を話してくれる、そんなことも多かった。だがいくら訊いても理由を話してくれないこともあった。

落合さんはプロ意識が非常に高く、星野さんとは別の意味の厳しさを持っていた。ドラフトでも数年先のことよりも目先のシーズンを重視し、高校生よりも大学生、社会人を好む傾向があった。そんな落合さんとは意見が合わないことも何度かあった。

落合さんは監督在任期間中に球団史上に残る黄金時代を築いた。だが主力メンバーの多くが星野さん時代に獲得した選手たちだった。ドラゴンズの黄金時代を築いたのが落合さんなら、その礎を築いたのは星野さんだ。この2人がいたからこそ、あの時代のドラゴンズは強かった。

そんな2人の監督はドラフトにどのように関わったのか？

私のスカウト人生を振り返りつつ、2人のドラフト戦略を振り返りたいと思う。

序章

はじめに私自身のことも書いておきたい。38年に渡って有力な選手をスカウトする仕事をしてきたが、かつては私もスカウトされる側だった。

上宮高でピッチャーだった私は明治大に進学したいと思っていた。だが、山上烈監督が日体大の出身で、いつの間にか日体大に進学することになっていた。

「ドラフト外での指名打診が2、3球団あったが進学が決まっていたから断った」と聞かされたのは大学入学後だった。この話を聞かされても「そうだったんですか」程度にしか思わなかった。当時は自信もなく、どうしてもプロへ行きたいという気持ちもなかったからだ。

日体大では2年の春、秋にベストナインに選ばれたが3、4年の時は怪我ばかりしていた。4年秋のリーグ戦で、ようやく将来に期待を持てる状態まで復調すると、リーグ戦終了後に中日から打診があった。担当スカウトは服部受弘さん。現役時代はピッチャーもバッターもやっておられ、今でいう投打の二刀流で、背番号10が永久欠番になっておられる偉大な方だ。もっとも、当時はそんなにすごい人などとは全く思っていなかったが（笑）。
あるとき、横浜・青葉台にある合宿所「健志台」まで、服部さんがハイヤーで迎えに来られた。「中日のスカウトの方が食事をしたいと言っているから行ってこい」

監督にそう送り出されて向かったのは、東京・日比谷の中日新聞ビル近くにある高級料理店だった。見たことがない分厚いステーキが出てきて、それがいまだに忘れられない。

服部さんはビールが大好きな方で、「いいか中田君、プロ野球選手はな、このステーキとビールで体を作るんや」と話しながら美味しそうにビールを口に運ばれていた。

その席で、「指名順位はこちらに任せてくれ。指名できなければドラフト外でも絶対に獲るから」と言っていただいた。

入団発表の日は東京駅から新幹線で名古屋に向かった。初めてグリーン車に乗せてもらったのだが、座席上の棚に荷物を置くと「中田君、お腹がすいただろう」と服部さんに食堂車に連れて行ってもらった。だが服部さんは大好きなビールをずっと飲まれて、結局グリーン車のシートに座わったのは名古屋に着く直前だった（笑）。それも忘れられない思い出だ。

この年の中日のドラフト1位は明治大のエース高橋三千丈。私はドラフト外での入団だった。ちなみに明治大からは鹿取義隆もドラフト外で巨人に入団している。日体大ではなく明治大に進んでいれば、私はおそらくプロ野球選手になれていなかっただろう。

私の現役生活は5年と短命に終わった。そのうちの2年は一軍登板すらなかった。現役最後の年となる5年目、球団代表に呼び出されてスカウトに転身した話は『まえがき』に書いた通りだ。このとき、服部さんはすでにスカウトを辞められていたが、私をプロの世界に導いてくれた方でもあるので「実はこういう話をいただいておりまして」とご報告させていただいた。服部さんも私が故障持ちであることを知った上で獲ってくれたこともあり、「そうか、わかった」とだけ言って、静かに背中を押してくれた。

現役引退直後の83年秋、まだ見習いスカウトのような身分だったが、スカウト会議には参加させてもらえた。その会議で、自分も視察に行っていた社会人の日本選手権で「誰が一番いいピッチャーだったか？」と訊かれたので、私は迷わず「新日鉄広畑の藤高俊彦です。下からボールが浮き上がってきます。これはモノが違います」と報告した。

だが「藤高はアカン。絶対にプロに来ないから」と上司が言う。藤高投手はその2年前に西武の5位指名を拒否していた。球団も様々な調査をした結果、「指名しても入団しない」という判断をしていた選手だった。

「そういう選手を口説くのがスカウトの仕事じゃないですか！」

まだ何も知らない若造の私は、上司にそんな反論をした。生意気だったのは当時からだった(笑)。

このときのスカウト会議で印象に残っていることがもう一つある。

昭和47年に日大桜ヶ丘高をセンバツ初出場で優勝に導いた香椎瑞穂さんという名監督が、当時は日大藤沢高で監督をしていた。高木時夫さんという先輩スカウトが香椎さんの大学時代の教え子で、そんな関係から、「ごっつい手足の長い左ピッチャーがおる。これは面白いと思うよ。まだ力はないけどあんなに手足が長くてコントロールが良い投手はそうはいない。ダマされたと思って獲ったらどうや」と言われて5位指名したのが山本昌広（現山本昌）だった。そんな選手が219勝も挙げる投手になるのだからドラフトは面白い。

年が変わり、実質1年目のスカウト人生は中国・四国地区担当としてスタートした。当時はスカウトが足りておらず、私は右も左もわからぬまま、縁もゆかりもない地に1人放り出された。

関西地区担当になったのは2年目から。関東孝雄さんという前任の方がおられたのだが、コーチとして現場復帰をすることになり、私が担当することになったのだ。とはいえ、前年から「関西も見ておけよ」とスカウト部長の田村和夫さんに言われており、関西の選手もちょくちょくと見てはいた。

スカウトになって担当した第一号の選手は、忘れもしない84年のドラフト2位、洲本高（兵庫）の川畑泰博と4位で指名した上宮高の江本晃一だった。川畑は、田村部長から「洲本に面白いピッチャーがおる。監督は日体大のお前の先輩（神田進さん）だから担当せい」と言われて担当になった。江本も私の母校出身だったから担当になった。

初めて担当した選手がドラフトで名前を読み上げられたときは嬉しいというよりもほっとした気持ちが強かった。他球団に先に指名されてしまう可能性もあるし、当日の流れによっては指名漏れしてしまう可能性もある。そこは蓋を開けてみないとわからない部分。選手のご家族にも「必ず獲りますから」と突っ込んだ話もしていたから、無事に指名できたときはほっとした。

プロに導いてからは、今度は故障が心配で仕方なかった。才能はありながら故障で力を発揮できない選手もたくさんいるのがこの世界。だから私が常々思っていたのは、とにかく一回でも一軍にあがればそれで成功だということ。故障はないけどずっと二軍のまま、一軍に上がれないのであればそれはもう仕方がない。力不足なのだから諦めもつく。だから「能力はあるのに故障して投げられない」というのが一番ダメなのだ。

私自身、普段は関西を中心にアマチュア選手を見て回っていたので、２人のファームの試合などはまず見ることができない。たまに、球場に行ってそのときに投げてくれたらラッキー。そのときは「最近どうや?」くらいの声はかけた。選手をプロに導いたスカウトは、球団では親代わりのようなもの。ちょっと悩んでいるなと思えば電話をすることもあるし、選手が迷っているときなどは電話がかかってくることもある。

86年のオフ、スカウトになって3年目の秋を迎えた頃、星野さんが監督になることが決まった。

現役生活5年で一軍には数えるほどしか上がっていない私にとって、星野さんは雲の上の存在。接点といえば星野さん主催のゴルフコンペでお手伝いをした程度。だが星野さんの厳しさ、怖さは先輩方から十分聞いていた。だから監督になる話を聞いたときの心境は、正直「うわぁ……」だった(笑)。

そんな星野さんが初めて出席するスカウト会議。球団事務所の会議室に向かう廊下で私は星野さんに呼び止められた。そこで思わぬ選手のことを根掘り葉掘り聞かれたのだった。

続きは次の章で話そう。

目次

第二章　星野監督時代のドラフト（1995年―2001年）

第四章　落合GM時代のドラフト（2013年—2016年）

所属名は基本的に当時のもの、現と表記しているものは２０２３年８月時点です。
なお、敬称略とさせていただきました。

第一章
星野監督時代のドラフト

1986-1991年

1986年

ドラフトは5年先、10年先を見据える

ドラフト前に出た、意外な選手の名前

昭和61年秋。2年連続Bクラスに低迷するチームを立て直すため、球団OBの「燃える男」星野仙一さんが監督としてチームに帰ってきた。監督就任会見で「覚悟しておけ」と星野さんが言ったのは有名だが、その言葉を選手達は直ぐに思い知ることになる。就任会見から数日後、星野さんの一つ年下で長年チームを支えてきたベテランの谷沢健一さんに「監督谷沢だったら選手谷沢を使えるか?」と事実上の引退勧告を行ったのだ。それは「これから俺がチームを劇的に変えていくぞ」というメッセージでもあったように思える。燃える男の現場復帰はチームに緊張感をもたらした。

私はこの頃、実質スカウト3年目。関西地区担当の駆け出しスカウトだった。だが前年にははじめて担当選手をプロの世界に送り出すなど、スカウトとして仕事にやりがいと面白さを見

い出していた時期でもあった。

ドラフトも近づいていた頃、私は球団本社で行われるスカウト会議にむかう途中で「元気でやっとるか？　どうや？」と星野さんに声をかけられた。現役時代のほとんどを二軍で過ごした私にとって、星野さんは雲の上の存在。交わした言葉も「はい、いいえ」程度しかなかった。そんな私に星野さんは、自身の考えるチーム強化ビジョン、スカウトとしての心得を説いてくれた。

「スカウトは常に現場と意思の疎通をとりながらやっていかないかん。スカウトは目先のことだけを考えていたらいかん。5年先、10年先を見据えてやらなかったらいつまで経っても良いチームはできん」

現場の意見ばかり聞いていてもダメ。スカウトの都合ばかりを押しつけてもダメ。私はそんなふうに解釈した。この言葉は少なからず、その後の私のスカウト活動にも影響を与えた。

そのまま今年のドラフトの話をするのかと思ったのだが、星野さんは意外なことを聞いてきた。

「二軍に中村いうのがおるらしいな。1位で獲ってまだ2年なのにもうダメやと言われとるそうやないか。お前が1位で獲ったんだろ？　実際どうなんじゃ？」

中村とは、2年前に京都の花園高からドラフト1位で入団していた中村武志。後に正捕手となり、星野さんの二度のリーグ優勝に大きく貢献する選手なのだが、このときはまだ二軍で燻っていた。中村の担当スカウトは私ではなく先輩の関東さんだったのだが、星野さんに「私の担当ではなかったのでわかりません」とは言えず、駆け出しスカウトとして見てきた、中村が1位指名された当時のいきさつを説明した。

1位はピッチャーの竹田光訓（明治大－大洋1位）でいくことは決まっていたが、外れた場合は中尾孝義の後釜になる若いキャッチャーが欲しいということになったこと。そこで名前が挙がったのが大久保博元（水戸商業高－西武1位）と中村の2人だったこと。ほとんどのスカウトが打力に優れた大久保を評価したが、「中尾を脅かすのなら、打力よりも中尾にはない体力と馬力を持っているほうにしよう」となり、外れ1位が中村になったこと。

私も高校時代の中村のプレーをたまたま見たことがあり、元気があってものすごい肩をしているキャッチャーという印象を持っていた。だがプロ入り後は、考えすぎて頭でっかちになっているところがあり、自信をなくして元気がないように見えた。だから「中村の良いところが全然出ていません。バッティングは当たれば飛ぶし、あの肩の強さと体力だけはすごいと思いますよ」と星野さんに話した。

「徹底して鍛えたらなんとかなるか？」と聞く星野さんに「徹底して鍛える価値はあると思います」とあまり深く考えずに言ってしまった。こうして整理対象になっていた中村の処遇は星野さんが秋の練習を見て決めることになった。

そこから中村に対する徹底的な強化練習が始まった。「中村が死んでしまうんじゃないか」と見ていて心配になるくらい、それは壮絶な鍛え方だった。「徹底して鍛える価値はある」なんて軽く言ってしまったことを中村に申し訳ないと思ったほどだ。

それでも中村は持ち前の体の頑丈さで練習に耐え、時に涙を流しながらも必死に食らいついた。翌年、星野政権1年目には43試合に出場し、正捕手奪取を期待されるまでになった。

二軍で燻っていた若手キャッチャーに戦力になる目処が立った意味は大きかった。怪我の多い中尾を脅かす即戦力のキャッチャーをドラフトで獲得しなくてすむ分、他のポジションの有望選手を獲得することができるからだ。

星野さんがスカウト会議に先立って、私に二軍で燻る若手選手のことまで聞いてきたのは、すでにこれからのチーム編成を頭に描いていたからだろう。星野さんはこれまでの監督とは異なり、チーム編成、強化戦略に対しても陣頭指揮を執る「全権監督」だったのだ。

神にもすがった近藤の抽選

この年のドラフトの目玉は、地元愛知・享栄高の大型左腕、近藤真一（現真市）。星野さんが好む選手の特徴に「ハングリー精神を持っていること」があるが、星野さんと同じく母子家庭で育った近藤にもそれを感じたのか、「目つきが良い」とプレー以外の部分も気に入った。「近藤は絶対に逃してはダメだ！　何球団競合になってもいくぞ！」と星野さんはスカウト陣に発破をかけたが、それは球団の総意でもあった。

果たして、ドラフト会議では5球団競合の末に星野さんが見事に当たりくじを引き当てた。

これには裏話がある。

スカウトの高木さんが、御利益のあると言われていたとある神社に「近藤を引き当てられますように」と祈願に行った。高木さんは星野さんより10歳上で、星野さんの現役時代にはブルペン捕手を務めていた。そんな関係から「時さん、時さん」と星野さんも高木さんを頼りにする間柄だった。

ドラフト会議当日、高木さんは神社で願をかけてきた扇子を「胸ポケットに入れておくと御利益がある」と星野さんに手渡し、星野さんはそれを懐に忍ばせた。

また、「会議場で一番運気の良い方角に対して斜め45度の角度で座ると運気が上がる」と言われた星野さんは、本当に会議中ずっとそうやって座って願をかけた。「神頼みだってなんだって、やれることは全部やる!」。そんな星野さんの執念が近藤を引き当てたのかもしれない。

余談だが、翌年のドラフトのときも「時さん、また頼むわ。席はここでえぇか? 方角はこっちか?」と高木さんに指示を仰いだ星野さんは、南海との抽選になったPL学園高・立浪和義を見事に引き当てた。

「あの占い、よう効くなぁ時さん」と星野さんもご満悦だった(笑)。控え室から見ていた我々も「また当てよった!」と正直驚いた。

さて、そこまでして相思相愛の中日に引き当てられた近藤は、プロ野球史上唯一の大記録、プロ初登板初先発でのノーヒットノーランを達成するなど、1年目から期待に応える活躍をみせた。だが、2年目途中からは怪我に苦しみ、通算12勝の記録を残してユニフォームを脱いだ。引退後はスコアラー、スカウト、コーチなどを歴任し、今は岐阜聖徳学園大で硬式野球部の監督を務めている。

この年は地元にもう1人有望な高校生がいた。愛工大名電高の山﨑武司だ。山﨑自身が巨人ファンだと聞いていたし、巨人も阿波野秀幸（亜細亜大－近鉄1位）の外れ1位で指名すると思われていたため、球団も指名は半ば諦めていた。それが2位まで残っていたのだから幸運だったという他ない。山崎のプロ入り後の活躍は改めて記すまでもないだろう。

ちなみに、もしも1位の近藤を外していたら、山崎をそのまま繰り上げるか、西崎幸広（愛知工業大－日本ハム1位）の指名が検討されていたと記憶している。

3位の西村英嗣（柳川高）も評判が良くて強烈なピッチャーだった。2年目には山本昌と一緒にアメリカに野球留学に送り込まれたが、球団は山本昌よりも西村を高く評価していた。しかし、そんな大きな期待に「それがプレッシャーなんです……」と本人が弱音を吐くなど性格的にちょっと優しすぎる部分があった。怪我もあり、思うような活躍ができなかったのは惜しまれる。

4位で指名した荒川哲男（大宮東高）は高校通算本塁打40本以上のスラッガーだったが大学進学が決まっていた。そのためどの球団も指名をする気配はなかった。だが、担当スカウトの高木さんと高校の監督さんは日本大の先輩、後輩の間柄だった。進学予定先も星野さんの母校・明治大。「そんなに良い選手なら強引にでもいけよ。（大学には）俺が謝りに行ってもいいから」ということになり、4位で強行指名した。他球団をまんまと出し抜く、星野流の戦略が見事にはまった結果となった。

世紀のトレードはドラフトに影響を与えた？

この年のオフ、12月23日に球界を揺るがす大型トレードが発表される。ロッテからの移籍を志願していた落合博満さんと中日の牛島和彦、平沼定晴、桑田茂の3投手にセカンドのレギュラー上川誠二を加えた1対4のトレードだ。

落合さんのトレード志願の報道が出たのは星野さんの監督就任後まだ間もない11月の初め頃。当時はすでに巨人への移籍が既定路線のように報道されており、それに対して星野さんは「巨人に行かれたら向こう数年勝てなくなる！」「黙って見ておくわけにはいかない！」と危機感を募らせていた。

ドラフトが行われたのは11月20日でトレード成立の1カ月も前になる。星野さんはドラフトと並行して水面下で落合さんのトレードを画策していたのだろうか？　それはわからない。だがこの時点でトレード成立の目星があったのであれば、近藤の1位指名はさておき、即戦力投手の指名が優先されてもよかった。当時の中日は投手陣に課題を抱えており、そこからさらに3人が抜けるのだ。抜けた3投手の穴をドラフトで取り繕いたいと思うのが普通だろう。

だが「時間がかかってもいい。大事なのは鍛えたらモノになるのかどうかや」と星野さんは即戦力の指名にこだわりはみせなかった。星野さんは、選手がすぐに使えるかどうかよりも、練習についていける体力があるか、ハングリーさがあるか、元気があるかという3つの点を重視した。その結果、6人中5人が高校生という指名となった。

後になって気付かされるのだが、第一次政権初期の星野さんは「将来性のある選手はドラフトで、即戦力の選手はトレードで獲得する」というチーム強化の方針を持っていた。翌年、翌々年と星野さんはこの方針でチーム強化を図った。そのことは追々述べていくことにしよう。

こぼれ話

1986年

高校時代の野茂ともう1人の「大物」ピッチャー

この年、私が担当した関西地区には後に「大物」になる2人の高校生ピッチャーがいた。1人は大阪の成城工業高の野茂英雄（89年近鉄1位）。当時から体をひねった独特のトルネードだったが、踏み込んだ足がインステップしていたため体の流れがそこで止まり、球もそこまで速くはなかった。それでも2年のときに完全試合を達成するなど、コントロールも良く下位指名の候補として考えていた。だが、中日に入ればフォームをイジられるかもしれないという懸念があった。素材の良さは認めつつも指名するかどうかは判断に迷う、評価の難しいピッチャーだった。そんなときに新日鉄堺の監督さんから「3年で間違いなくプロに行ける選手に育てるから、ウチに預けて欲しい」という話もあり、野茂に注目していた他球団も指名を見送った。

そんな野茂が3年後に史上最多の8球団が競合するまでに成長するのだから「あのときに下位で指名しておけば……」と多くのスカウトが悔やんだことだろう。もちろん私も含めてだが。

もう1人、和歌山の橋本高にまだ線は細かったが良いボールを投げていたピッチャーがいた。そこの監督さんとも仲が良かったので何度も見に行った。当然指名したかったのだが、有名大学の監督さんから欲しいという話が来ており、「できればそちらに行かせたい」という話だった。そこで一旦は諦めていたのだが、しばらくすると本人が同志社大へ行きたいと言い出したという。そこで困ったのは監督だ。「同志社に行くことになりました」では先に話をもらった有名大学の監督に顔が立たない。それならばいっそのことプロに行ってくれたほうが助かるということで「ダメ元で本人と家族に話してみてくれないか？」と相談された。こちらとしては「はい、喜んで！」の心境だった。

だが、ご両親に挨拶に伺うとこう言われた。

「中田さんも関西の人ですよね？　同志社から声がかかったらどうされます？　喜んで行きますよね？　そもそも息子にはプロ志向がないんです。本人も同志社に行きたくて行きたくて仕方がないので、声をかけてもらったのはありがたいですけど諦めてください」

同志社大は関西の名門大学。親御さんにそう言われては諦めざるを得ない。

ちなみに、もしも本人がプロ志望ならば、近藤、山﨑の次の3位で指名をしたいと思っていた。その選手の名前は、後に〝ミスターアマ野球〟と呼ばれる杉浦正則。当時のスピードは137、8キロ程度だったがスライダーの切れが鋭く、コントロールも良かった。特にアウトコースのストレートが抜群だった。「良い球投げるなぁ」と何度も唸ったピッチャーだった。

同志社大から日本生命へと進み、バルセロナ、アトランタ、シドニーとオリンピックに三度出場。その間、指名のチャンスをうかがったが最後までプロ入りを希望しなかった。

1987年

星野さんの強運と剛腕

自信がなかった立浪の1位指名

星野政権1年目を2位で終えたシーズンのドラフト。前年オフにただでさえ薄かった投手陣から牛島、平沼、桑田の3投手を落合さんとのトレードで放出していたこともあり、シーズン中はピッチャーの駒不足に苦しんだ。そんなこともあり、スカウト部では早くから即戦力投手の獲得を目指して動いていた。白羽の矢が立ったのは慶応大の右腕・鈴木（89年西武2位）だった。スカウト部長、田村さんが福島高時代から追いかけていたこともあり、この年の1位は「慶応大・鈴木哲」で大方決まっていた。星野さんから即戦力投手の要望があったわけではなかったが、それでも鈴木の1位には同意してくれているようではあった。

しかし、その方針は早い段階で方向転換を余儀なくされた。夏が始まりかけた頃、鈴木側からプロ入り拒否が表明されたからだ。中日の1位指名は白紙に戻されることになった。

この頃、関西地区担当だった私は、ＰＬ学園高の立浪を1位で推すか逡巡していた。守備が抜群に良く、足はあまり速くないが肩もある。打つほうもバットが振れて小力もある。私の好きなタイプの選手であり、欲しいという気持ちはもちろんあった。だが1位でいくかと言われると自信がなかった。小柄な体格で体力的な不安もあった。本音で言えば2位で残っていれば獲りたいという評価だった。南海が1位でいくという話も耳にしていたので、中日には縁がないかもしれないと思っていた。

そんなとき、星野さんから「ＰＬの立浪ってどうなんじゃ？」と聞かれた。

「立浪はいいですよ。守備だけならすぐ使えます。でも南海が早うから1位でいくと言うてますけどね」

そう答えた私に、星野さんは言った。

「1位じゃないと獲れないのか。よしわかった。立浪、ええやないか！」

私は「えっ⁉」と驚いた。中日のショートには宇野勝がいる。立浪を獲っても使ってもらえなければ意味がない。

「でも監督、うーやん（宇野）と競争させたら（総合的には）勝てないですよ」

「宇野の歳を考えてみい。あと何年ショートができるんじゃ？　立浪は守備やったらすぐ使えるんだろ？」

「はい。使えるか使えないかで言えば使えます」

私はこのとき、星野さんが開幕から立浪をショートで使うとは夢にも思っていなかった。

スカウト会議で正式に立浪1位指名が決まったとき、星野さんは私にこう発破をかけた。

「(立浪が獲れたら) 宇野はコンバートさせる。それぐらいの気持ちで (立浪を獲りに) いけ」

星野さんはこの年のドラフトでも強運を発揮し (あるいは高木さんの願掛けがまたしても効いたのか)、南海との抽選となった立浪を見事に引き当てた。

立浪の守備力に惚れた星野さんは宣言通りにキャンプで宇野をセカンドにコンバートさせ、開幕戦のスタメンショートで起用した。立浪も期待に応えて高卒新人ながら新人王を獲得。その後の活躍は改めて記すまでもないだろう。

星野さんが目先のシーズンだけを見ていたら、鈴木の代わりに他の即戦力投手が1位指名されていたことだろう。そうなっていれば、後の「ミスタードラゴンズ」の指名はなかったのだ。

トップシークレットだった沖水・上原の強行指名

この年は2位で兵庫の超進学校、神戸高の鎌仲政昭、3位で甲子園でも活躍した沖縄水産高の上原晃を指名するなど、前年同様に上位指名は高校生で固められた。「中途半端な即戦力よりも活きの良い高校生」という星野さんの方針が貫かれた結果とも言える。だが、前年は宿敵巨人の後塵を拝しての2位。優勝を狙う上で駒の足りていない投手陣の補強、整備は必須のはずだった。さすがにドラフト前のスカウト会議で「監督、即戦力の投手はいいんですか？　高校生よりも良い投手がいてますけど」とスカウト陣のほうから心配の声が挙がった。しかし星野さんは「ちゃんと考えとる。余計なことはせんでえぇ」という。その意味がわかったのはそれからしばらくしてからだった。

ドラフトを控えた11月はじめ、長らくチームの主軸を担ってきたベテランの大島康徳さんのトレードが発表された。相手は日本ハムのローテーション投手、田中富生（中日・曽田康二と日本ハム・大宮龍男を含めた2対2のトレード）。

「そういうことだったのか」

ドラフトではなくトレードで課題の投手陣を整備する星野さんのやり方に、なるほどと唸らされた。だがトレードはそれで終わらなかった。ドラフトからひと月ほど経った年末に、主力外野手だった平野謙さんと西武のローテーション投手、小野和幸のトレードが発表された。小野の西武での通算勝利数は15勝。平野さんとの実績の差は大きく、このトレードは中日にとって損とみる向きもあった。だが小野は翌年18勝を挙げ、最多勝を獲得する活躍で星野さんの初優勝に大きく貢献した。星野さんの慧眼がこれ以上ない「即戦力投手」の補強になったのだ。

思い返せば、前年のドラフトも高校生中心だったが、その後に大型トレードで落合さんを獲得していた。「将来性のある選手はドラフトで、即戦力の選手はトレードで獲得する」。それが、この頃の星野さんのチーム強化戦略だった。

GMという言葉がまだ一般的ではなかった時代だったが、全権監督の星野さんはGMとしても有能だった。

さて、3位の上原の指名についても触れておこう。上原は明治大進学を表明しプロ入りを拒否していた。もしもプロ志望であれば、この年1位指名された、川島堅（東亜学園高－広島）、伊良部秀輝（尽誠学園高－ロッテ）、橋本清（PL学園高－巨人）と同等の評価になっていただろう。

星野さんは直前のスカウト会議で「(上原は) どうなんじゃ？　本当にえぇんか？」と担当スカウトに確認していた。

上原の強行指名は下っ端スカウトだった私には知らされていなかった。球団の中でもトップシークレットだったのだろうと思う。前年の荒川に続いて、2年連続で明治大から選手を奪う形での強行指名となった。

本当に進学が決まっていたのか、星野さんが母校・明治大を利用して裏技を使ったのかはわからない。だが、私は出来レースではなかったと思っている。出来レースだったのであれば、「中日と上原は怪しい」と他球団にきな臭さを嗅ぎつけられていたはずだ。だから星野さんも、ドラフト当日まで上原指名の気配を一切出していなかった。

母校との関係に自信を持っている星野さんだからこそ「交渉が難航したら俺が土下座でも何でも謝りに行けば一件落着するだろう」と考えての強行指名だったと思っている。星野さんにしかできない荒技だ。

2位で欲しかった伊良部、指名漏れした古田

ロッテに1位指名される尽誠学園高の伊良部は私の担当した選手だった。

伊良部は持っている能力は素晴らしかったのだが、実にスカウト泣かせの選手だった。高校の監督からは「スカウトの前では一生懸命に投げないんですけど、本気で投げたボールはえげつないですよ」という話をだいぶ前から聞いていた。だが、スケジュールを調整して試合を見に行くのだが、案の定キャッチボールだけして登板しなかったり、投げたかと思えば、全力で

投げずに初回に大量失点。私が球場に着くとすでに降板していたりと、何度も肩透かしを食らってきた。

伊良部が本気で投げている姿がどうしても見たくて、私は夏の香川大会前に練習を見に行くことにした。

伊良部は特殊な境遇で育っており、性格的に扱いが難しい選手であると聞いていた。私が見に行く前の週には、日本ハムの球団常務取締役になっていた大沢啓二さんがスカウトと一緒に来ていたそうだが、伊良部は「スパイク履いてきます」と部室に入ったまま最後まで出てこずに大沢さんを激怒させたという。そんな話を聞かされていたので私はダメ元のつもりで香川まで足を運んだ。全力で投げる姿が見られないのであれば候補者リストから名前を消そうとも思っていた。

だが、この日の伊良部は全力で投げてくれた。それはもう強烈な剛速球だった。キャッチャーの後ろに立ち、ネット越しにその球筋を見守ったが、ネットを突き破ってくるんじゃないかと恐怖心を抱いたほどだった。

「これは間違いなく1位だ」と鳥肌がたった。しかし難のある性格と普段から練習のサボり癖があることなどから、1位指名に二の足を踏んでいる球団も多いようだった。

夏が終わり、伊良部の退部届が受理されたのを確認してから、私はすぐに尼崎の伊良部の両親に挨拶に行った。立浪の1位指名の方針は固まっていたので、「伊良部君は外れ1位か、2位になるかもしれませんがよろしくお願いします」と頭を下げた。伊良部家にも好意的に受け止めてもらえたようだった。だが、ドラフトではロッテが1位指名した。夏の甲子園で150キロ近い剛球を投げ、注目を集めていたのだから無理もない。「中日・伊良部」は幻に終わった。

この年のドラフトでは立教大の長嶋一茂(ヤクルト1位)が注目を集めた。だが中日の獲得候補に挙がることはなかった。星野さんがドラフト候補選手に求める三つのポイントの一つである「ハングリーさ」という面に疑問が残ったからだ。星野監督の下でやるには合わないだろうという判断だった。ただスター性はもちろん、持っているポテンシャルには相当なモノがあったことは間違いない。

2年後にヤクルトに2位指名される古田敦也もこの年は立命館大のキャッチャーとしてドラフト上位候補だった。欲しい選手ではあったが、中日も中村を強化している時期で指名は難しかった。立命館大学の監督とは親しかったことから、ドラフト前には指名できそうにないことを電話で詫びた。

「心配せんでいい。2位までには指名すると言ってくれている球団が2、3ある」と言っていたのだが、蓋を開けてみるとエアーポケットに落ちたかのように、最後まで古田の名前は呼ばれなかった。

これに驚いた私は「条件はちょっと落ちるがドラフト外で良ければ獲りたい」と慌てて監督に連絡を入れたのだが、「古田はトヨタにいかせる。約束を裏切った球団のことは絶対に忘れない」と怒っていた。あのとき、ドラフト外で中日に入っていたら、その後どうなっていただろうか。古田は星野さんとは合っただろうか。

こぼれ話

1987年

超進学校の無名投手を2位指名

この年の1位、2位は私の担当した選手だった。2位の鎌仲は兵庫県の超進学校、神戸高に突然現れたプロ注目ピッチャーでスカウトの間では評価の高い選手だった。

当初、立教大に進学すると聞いていたが、調査を進めるとそんなに勉強が好きではないということがわかった。両親にも話を聞くと「うちの子にプロなんか無理でしょ」という感じだったが、明確にプロを拒否しているわけではなさそうだった。とはいえ、低い順位であれば拒否される恐れもあるため、評価の高さを示す意味でも2位での指名となった。

4位の小美濃武芳（東洋大）も一軍に上がれず2年でユニフォームを脱いだが、良いピッチャーだった。小美濃は「(怪我で）もう野球は辞めます」と言っていたが「野球を辞めるなんてもったいない。だったら中日で！」と考えて4位で指名した。ロッテも同じように考えていたらしく、抽選となった。そこで、またもや星野さんが強運を発揮して交渉権を引き当てた。

5位では新日鉄名古屋から音重鎮を獲得。1年目から優勝に貢献する活躍を見せ、長くいぶし銀の活躍を見せてくれた。現在はスカウトとして頑張ってくれている。

1988年

「全権監督」星野さんの辣腕

「今中？　誰や？　どこの高校や？」

星野政権初のリーグ優勝で迎えた秋。この年は球団職員として1年間練習に励んできた大豊泰昭の1位指名が早くからの既定路線だった。台湾から留学し、名古屋商科大ではリーグ通算24本塁打を放ち大学日本代表にも選ばれていた、プロ注目の選手だった。だが当時は日本国籍を持たない選手を指名すると、その選手はその後永久に外国人選手扱いになってしまうという規定があった。大豊は日本国籍取得にあと1年足りていなかった。そのため大学卒業後は中日が1年間球団職員として面倒をみた。当時は、有望なアマチュア選手を球団内に囲い込むことが認められていた。こうして、この年のドラフトにむけて万全の準備が整えられてきたのだ。

私は球団が「大豊1位」で行く方針は知っていたが、それでも春先に行われたスカウト会議で「このピッチャーが一番良いと思います！」と、スカウト部長の田村さんに無名高校の選手の指名を進言した。そのピッチャーこそ、後に沢村賞も獲得する、90年代の中日を支えた左腕、今中慎二だ。

今でこそ「大阪桐蔭」という名前は、野球界に響き渡っているが、当時は前身の大阪産業大学高校大東校舎から校名が変わったばかり。今中はそんな無名校の一期生だった。

私はその後もしつこく今中を推し続け、田村さんも「じゃあ一回見にいこう」と、春のオープン戦を一緒に見てもらえることになった。

今中のボールを見て驚いた。一冬を越えて球威が一気に増していたのだ。右バッターのインコースにもビュンビュン投げ込む。制球力もボールのキレも申し分がない。

「このピッチャーすごいわ……」。田村さんも唸った。続けてこう言った。

「今年の候補のなかでは一番かもしらんな。ひょっとしたら1位でいくかもわからん。頭に入れておいてくれ」

田村さんは一目見て今中に惚れ込んだ。私はそれが嬉しかった。だが大豊の1位指名は既定路線。今中と大豊、2人獲ることなどできるのだろうか。そんな不安が頭をよぎった。

やがてナゴヤ球場で試合前の星野さんと話す機会があった。

「どうじゃ？　今年は良いのがようけぇおるだろ」

星野さんは独自のネットワークから、毎年有望な選手の情報を大体把握されていた。

「大阪に今中というとんでもない左ピッチャーがおるんです」

「今中？　誰や？　どこの高校や？」

さすがの星野さんも春の時点では今中の情報までは持っていなかった。

「大阪桐蔭？　そんな高校聞いたことないぞ」

そこから一通り学校の説明と今中について熱く語ったのだが「そんなもん2位か3位で獲れるやろ」と言われてしまった。だが私には今中の評価がこれから絶対に上がるという確信があったので食い下がった。「その順位で獲ることは難しいと思います」と、暗に今中の1位指名を進言した。星野さんは舌打ち交じりに「勝手なことばかり言いやがって！」と吐き捨てた。それはそうだろう。星野さんは全権監督として前年から大豊の1位指名を想定していたのだから。

夏の大阪大会前、案の定、今中の評判は球界に知れ渡っていた。もはや1位でないと獲れないことは明白だった。それは星野さんの耳にも当然届いていた。

この頃になると、スカウト内に当初はあった、川崎憲次郎（津久見高－ヤクルト1位）、前田幸長（福岡第一高－ロッテ1位）、篠田淳（大垣商業高－ダイエー1位）などを推す声も聞かれなくなり、いつしか「1位は今中でいきたい」が、スカウト部の総意のようになっていた。

迎えた夏の大阪大会初戦。私は球場に着くなり二軍総合コーチの新宅洋志さんに声をかけられた。星野さんに命じられて今中を視察にきたのだという。新宅さんは、試合前のブルペン投球を遠くから見ただけで、「なんや⁉　あんな（軽い投げ方）であんなにボールがいくんか⁉」と早くも前のめりになっていた。

この日の今中のピッチングは手元の伸び、コントロール共に申し分なかった。新宅さんも興奮気味にこう言った。

「このピッチャー強烈やな。久々にこんなすごいピッチャー見たわ」

新宅さんは陰で星野さんのことを「おっさん」と呼んでいたのだが、「これはいいわ。おっさんにもそう報告しておくわ。やっぱりお前らスカウトが『良い！』というのもよくわかるわ」。そう言って球場を後にした。

現場とスカウトが尊重し合い、互いの意見に耳を傾け、良いものは良いと素直に認める。星野監督就任後、現場とスカウトにはそんな風通しの良さ、空気が出来上がっていた。

ちなみに、大阪桐蔭高はこの試合に敗れて初戦敗退。今中には申し訳ないがそれも中日にとっては好都合だった。甲子園に出ていれば間違いなく騒がれ、1位指名競合は必至だったからだ。

他球団も羨んだ今中・大豊のW獲得

新宅さんからの報告を受けた星野さんは、ナゴヤ球場で私に会うなりそう言うと、こう続けた。

「今中、ホンマにえぇらしいな」

「大豊は2位に回すから、今中をなんとかせぇ」

「よし！」。私は心の中で小躍りした。だが、星野さんから言われた「なんとかせぇ」という言葉が重くのしかかった。球団職員だからといって大豊が他球団に指名されない保証はない。2位で残っていれば「中日に好き勝手にさせてたまるか」と指名してくる球団もあるかもしれない。そんな危険を犯してまで、自分が推した今中を1位で指名してもらえるのだ。できることは限られるが、自分にやれることをやるしかない。そう気を引き締めた。

私は他球団に先駆けて今中の実家に出向いた。その後も何度も足を運び、何度も話をした。

「ウチの監督が君を見てどうしても欲しいと言っているんや。どうや？」

初めはそんなことを話していたが、何度も通ううちに熱意が伝わったのか、「僕は中日以外にはいきません」と今中に言ってもらえるようになった。

『今中の意中の球団は中日』

そんな報道も出るようになった。いわば相思相愛の関係に持ち込むことができた。だが、今中ほどの逸材を他球団も黙って見過ごすわけがない。実際に数球団が1位で指名する動きもあった。それでも今中は「中日以外には行きません」と言い続けてくれていた。だがドラフトの前日、私は今中にこんな話をした。

「万が一やぞ、競合になって(交渉権が)中日以外の球団になったとしても、絶対にプロに行けよ」

私は今中の才能に惚れ込んでいた。だからこそ、これだけの選手がプロ入り拒否をして遠回りさせてしまうのはもったいないと思った。だから抽選で中日が外してしまっても、どこの球団になろうが今中にはプロの世界に飛び込んで欲しかったのだ。

それでも今中は「中田さん、僕は絶対に中日以外には行きませんから」と言ってくれた。

そんな今中の強い意思を察したのか、最終的には獲得を狙っていた他球団はどこも降り、中日が無事に今中を単独1位で指名することができた。

さて、当初1位指名の予定だった大豊だが、普通であればへそを曲げてもおかしくはない。だが、会社上層部の人が直々に「どうしても欲しいピッチャーがいるから協力して欲しい」と話をしにいくと、「中日に入れればそれでいいんです」と快く2位指名を了承してくれた。「僕は1位じゃないと行きません！」などと言われていたら話はややこしいことになっていた。大豊の人柄にも救われた今中の1位指名であった。

冴え渡ったドラフト戦略

この年の3位で獲得したのが大宮東高の山口幸司。高校生野手では谷繁元信（江の川高－大洋1位）か山口と言われるぐらいに評価の高い外野手だった。だが法政大への進学を打ち出していたため、どこの球団も手を引いていた。高校通算56本塁打に加えて足も肩もいい。持っているモノはやっぱりすごかった。

「そんなにえぇんやったら、いこうやないか」

星野さんの号令があっての指名だった。明治大進学を表明していた荒川（86年4位）と上原（87年3位）に続く、3年連続の強行指名となった。

山口の担当スカウトである高木さんと大宮東の監督とは、前にも記した通り、同窓生の間柄。高校のほうは話せば何とかなるだろう。だが問題は法政大だ。

「強行指名したら今後、法政から選手が獲れなくなりますよ」という、他のスカウトからの懸念の声もあったが、それでも指名は強行された。その後、法政大から直接の選手入団は

2004年（12巡目指名・普久原淳一）まで15年間途絶えることになるのだから、このときの懸念は現実のものとなった。

そこまでして獲得した山口への期待は当然大きかった。だが、何度か訪れたレギュラー取りのチャンスをモノにできなかった。なかなか線が太くならず、プロの中では細いのにスイングは高校時代のまま大きいように思えた。度重なる怪我も山口には不運だった。

この年の中日のドラフトは「1位が3人獲れた会心のドラフト」と評価されたが、1位で渡辺智男（NTT四国）、2位で石井丈裕（プリンスホテル）を獲った西武の指名もさすがだった。

中日は1位今中、2位大豊という方針が固まっていたため、「邪魔をするなよ」という警告の意味も含めて、渡辺を狙っているポーズをとっていた。だが他球団が付け入る隙など全くなかった。それくらい西武が渡辺を完璧に囲い込んでいた。私は彼が高校2年時までは四国も担当していたので、高校時代からマークしていた。故障はあったものの良いときの渡辺のボールは本当に強烈だった。

星野政権で迎えた三度目のドラフト。球団職員の大豊を2位に回すウルトラCがあったとはいえ、結果的に3年連続の高校生1位指名となった。投手陣に相変わらず課題のあるチームだったが、またもや即戦力投手の上位指名は見送られた。だが、この年もドラフト後にトレードで巨人から西本聖を獲得した。「将来性のある選手はドラフトで、即戦力の選手はトレードで獲得する」という戦略がこの今年も見事にはまった。

ちなみに西本の交換相手となったのは、この年にキャッチャーから外野にコンバートされていた中尾だ。改めて考えると、ここにも様々な伏線があった。

86年の監督就任直後から「中村いうのはどうなんじゃ？」と、初めてのスカウト会議に先だって、二軍で燻っていた若手キャッチャーのことを私に聞いてきたことは前に記した。その年のドラフトでは山﨑、長谷部裕と若いキャッチャーを獲得し、翌年にはトレードで日本ハムからベテランキャッチャーの大宮も獲得。中村も正捕手に成長してリーグ優勝に貢献するまでになった。こうして、盤石なキャッチャー陣が作れたからこそ、中尾を放出して西本を獲得することができたのだと思う。

星野さんが全権監督として大いに辣腕をふるった年だった。

こぼれ話

1988年

6位指名だった、WBC世界一のコーチ

この年は「1位が3人獲れた」会心の指名だったが、下位指名でも実力派を獲得していた。

5位指名した修徳高・酒井忠晴はピッチャーだったが野手として評価して指名した。前年に高卒ショートのドラフト1位、立浪を指名していたが、センターラインを守れる良い高校生がいれば獲っておこうという判断だった。ショートが守れるのであればどこでも守れる、プロで潰しが利くからだ。実際、酒井はその高い守備力でチームに貢献し、ロッテに移籍後は3年連続100試合以上に出場するなど、プロ16年間「守備職人」として、長く活躍する選手となった。

6位の清水雅治は浜田高から三菱自動車川崎に進み、この年が社会人6年目となる24歳の選手だった。足もあってガッツもある、何年も前から指名候補に挙がっていた選手だった。高木守道監督時代にはレギュラーとしても活躍した。この春、WBCで世界一になった侍ジャパンのコーチとして記憶されている方も多いだろう。

この年の〝幻の目玉選手〟慶応大の志村亮は、早くからプロ入り拒否を表明していたが、「西武とあやしい」などの憶測もあった。しかし、調査を進めていくと、本当にプロ入り拒否らしいということがわかってきた。さすがにこれは目がないと、中日も早くから指名候補から消していた。

1989年

初めてこだわった「即戦力投手」の獲得

野茂を回避して与田を1位指名

これまでの3年間、近藤、立浪、今中と1位はいずれも高校生だった。だがこの年の秋、ドラフト会議本番を1カ月後に控えたスカウト会議の席で星野さんはこう言った。

「来年は勝負の年。今年は即戦力投手優先で考えてくれ」

球団初のリーグ連覇を狙ったこの年は、早くに優勝争いから脱落。最終的には首位巨人に15・5ゲーム差をつけられての3位に終わっていた。星野さんも翌シーズンに期すものが例年以上に大きかったのだろう。即戦力投手の獲得にこだわる気持ちも十分に理解できた。

そんななかで、関西地区担当の私が強く推したのは新日鉄堺の野茂だった。後に日米で衝撃的な活躍をするピッチャーであることは改めて言うまでもないだろう。

高校時代の野茂は投球時にインステップしていたのだが、社会人1年目の途中からその悪癖が改善され、それはもう強烈なボールを投げるようになっていた。2年目には「なんやいまの球⁉」と驚くような強烈な落差のフォークボールも投げるようになり、プロ解禁となるこの年にはもう手のつけられない、ものすごいピッチャーになっていた。

「あの独特な投げ方だと故障する」などとも言われていたが、「野茂の体は強烈な筋肉がついていて、その筋肉もゴムまりのようでめちゃくちゃ質が高いんです。だからあの投げ方でも故障しないんです」という話を新日鉄堺のトレーナーから聞いていたから、私はフォームのことなど全く心配していなかった。

「野茂はモノが違います。何球団くるかはわかりません。でも宝くじと同じで買わないと当たりません。監督、絶対に野茂でいくべきです。勝負させてください！」

私は星野さんに野茂の指名を強く進言した。他のスカウトももちろん異論はなかった。

例年であれば、スカウトがここまで言えば「そんなにえぇんやったら野茂でいこうやないか！」と星野さんも言ってくれていたと思う。だがこの年の星野さんは、やはり翌年に結果を出すことにこだわった。

「スカウトの考えもわかる。だけど、今年のドラフトは即戦力になるピッチャーが〝確実に〟欲しいんや。単独で獲れそうなピッチャーで考えてくれ」

星野さんが監督になられて以来、スカウト会議でこんなに要望を伝えてきたのは初めてのことだった。

「それでも野茂でいきましょう！」と言いたい気持ちはもちろんあった。だが監督の要望にかなう選手をリストアップするのもスカウトとして当然の仕事だ。私は野茂を推すことを諦めた。関東地区担当のスカウトからは与田剛（NTT東京）と川辺忠義（川崎製鉄千葉－巨人2位）の名前が挙がった。私は潮崎哲也（松下電器－西武1位）と佐々岡真司（NTT中国－広島1位）の名前が真っ先に浮かんだが、それぞれ西武、広島と相思相愛と言われており〝確実〟に獲ることができないため、酒井光次郎（近畿大－日本ハム1位）の名前を挙げた。小柄ながらキレのあるボールを投げ、1年目からある程度計算のできる左腕だ。

この中で一番評価されたのが与田だった。荒っぽさはあるものの、この年の候補では一番の速球を投げ、馬力もある。大学時代にあまり投げておらず、社会人で急成長していたことも魅力だった。単独で獲れる可能性も高かった。ただ、母子家庭で育ち、母親のいる千葉から遠く離れたくないということで在京球団を強く志望していた。そこがネックだった。

だが、星野さんはそれを聞くなり「そんなの関係あるかい！」と一蹴。「必要ならオレが土下座しに行ってやるから」ということで、ドラフトの超目玉だった野茂を回避して、1位は与田でいくことになった。

断固突っぱねた元木の指名

1位指名は与田で決定したものの、重複となった場合の外れ1位の選定で揉めた。

星野さんと中山了球団社長は、甲子園のスターで巨人入りを熱望していた元木大介が「残っていたらいこう」と言う。元木は私の母校・上宮高の後輩であり、同校でコーチを務め、後に監督となる田中秀昌（現近畿大監督）と私は高校時代の同級生だ。そんな関係性を見透かし、2人の言葉には「お前の後輩だからなんとかできるだろう」というニュアンスが感じられた。

私は「冗談じゃない！」と思った。というのも「元木の巨人入りへの意思は相当固い。指名しても100％無理」という情報をかなり早い段階で田中から得ていたからだ。

元木は小学生時代に南海ホークスの関係チームでもあった『ジュニアホークス』というチームで野球を始めている。ホークスの施設で練習したり、『南海ホークス友の会』にも入っていた。そんな関係性から、巨人以外で獲れる可能性があるならば、南海を前身とするダイエーだけだろうと私は見ていた。

「難しいと思いますよ」と言葉を濁す私に、「いの一番でいけとは誰も言っとらん。もし与田が外れて元木が残っていたら、ウチが指名したらいけるんだろ？」と星野さんは軽く言う。

「いえ１００％無理です。巨人とガチガチです」とは言えない。そんなことを言えば星野さんは巨人への対抗心から、逆に元木指名に固執することが目に見えていたからだ。そうなれば、私は元木側と星野さんの板挟みになり、母校とも揉めることになる。どうにか上手く元木の指名を諦めさせたい私は、とっさにこう言った。

「元木を1位でいくなら種田でいきましょう。専修大に進学が決まっていますが、種田なら説得する自信があります」

そもそも、私は元木よりもチームメイトの種田仁を評価していた。バッティングも足も肩も元木よりも上。負けているのは人気だけ。実際にプロ志望であれば「3位くらいでは消える」と評価する他球団のスカウトも多かった。何よりも「あんな奴に負けませんよ！」と元木に対する強烈なライバル心と、隠そうとしない負けん気の強さが星野監督の野球に合うという思いもあった。

「誰がそんなこと聞いとんじゃ！　元木を外れ（1位）でいけるんか、いけんか聞いとるんじゃ！」

元木ではなく聞いてもいない種田を推す私に、星野さんは激しく怒った。

その後も元木、元木としつこく言ってくる星野さんに「種田のほうがええんですよ！」と私は思わず大声で言い返してしまった。「窮鼠《きゅうそ》猫を噛む」である。

興奮していた私は「君は種田、種田というが具体的に何がいいのかね？」と助け船を出してくれた中山社長に対してまで「良いものは良いんですよ！」と声を荒げてしまった。

「お前、誰にもの言うとんじゃ!!」と星野さんはさらに激しく怒った。

だが最終的には、担当スカウトがそれくらい種田のほうを評価しているという熱意が伝わったのか、元木の指名を回避させることができた。

ドラフトでは野茂を外したダイエーが外れ1位で元木を指名した。星野さんは「見てみぃ！ダイエーが指名しよったやないか」と憮然としていた。だが最終的に元木が巨人入りの意思を貫き入団を拒否して浪人する道を選ぶと、「お前がいろいろ言っていたのはこういうことやったんやな。すまん、悪かった」と頭を下げてくれた。

自分に非があれば我々スカウトにも頭を下げる。星野さんはそういうことができる人だった。

ちなみに種田の指名がまた揉めた。「なんで元木が1位で自分が6位なんですか！　もう行きません！」とすっかりへそを曲げられてしまったのだ。星野さんに元木の指名を諦めさせ「種田なら説得できる自信がある」と言ってしまっていた手前、私も引き下がるわけにはいかなかった。「お前が大学に行くかもしれないから怖くて上位指名できなかったんや」となだめ、時間をおいて粘り強く交渉することでなんとか入団に同意してもらえた。

だが今度は進学予定だった専修大の監督が怒った。間に入ってくれたのは同大学OBのスカウト、堀込基明さん。事前に「何かあったときはお願いします」と話していたこともあり、堀米さんが大学側に謝りに行ってくれたことで種田の件はなんとか許していただいた。

前年に山口の強行指名で法政大との関係がこじれていただけに同じようなことにならずに安心した。だが上宮高と専修大の関係は大丈夫だろうかと、その後もずっと気になっていた。だから3年後に母校から進学する選手が出たときは「あぁ、良かった」と心底ほっとしたことを覚えている。その選手が上宮高では3番手投手だった黒田博樹（元広島）だ。黒田のことは改めて話すとしよう。

縁がなかった逸材選手たち

立命館大時代の2年前に指名漏れし、私がドラフト外での獲得を打診したトヨタの古田はヤクルトに2位指名された。中日も中村が一本立ちして脂がのる時期になっていただけに、この年もヤクルトよりも先に指名することは難しかった。古田とは最後まで縁がなかった。

後に日米で活躍する〝大魔神〟こと東北福祉大の佐々木主浩（大洋1位）は腰の怪我もあり、星野さんが要望した「即戦力」という条件に合致しなかったため、中日のドラフト1位候補には挙がらなかった。

関西地区担当だった私は九州の選手を見る機会がほとんどなかったのだが、この年は九州に逸材高校生が揃っていた。中日が2位指名した鹿児島商高の井上一樹もそのうちの1人だ。このときは九州担当だったベテランスカウト、法元英明さんの「将来、投打のどっちかで大化けする」という推しがあっての上位指名だった。法元さんは早くバッターに転向させたかったが、本人がピッチャーにこだわったため打者転向が遅れた。それでも転向後すぐに結果を残し、99年の星野さん二度目のリーグ優勝に大きく貢献する活躍を見せてくれた。

西日本短大付属高の新庄剛志も、足も肩もあり、ピッチャーもショートもどこでもできる面白い選手だと思った。中日での評価も高く、3位くらいまでに獲らないと消えるという評価だった。だから阪神の5位指名まで残っていたことは少し意外だった。

熊本工業高にはのちに二千本安打を達成する天才打者、前田智徳（広島4位）がいた。だが同じ高卒で、左バッターとしても評価していた井上を2位で指名予定だったこともあり、前田の名前は指名候補には入っていなかった。

これまでの3年とは大きく異なり、星野さんから初めて「単独で指名できる即戦力投手」というリクエストがあった年。1位与田、3位松永幸男（三菱重工長崎）、4位松井達徳（日産自動車）の即戦力3人、2位井上、5位山田喜久夫（東邦高）、6位種田と将来性のある高校生3人、バランスの良い指名ができた。

星野さんが勝負をかけた監督4年目へ向けて期待は高まったが……。

1990年

星野さんらしくなかったドラフト戦略

あっさり決まった1位指名、疑問の残った外れ1位

星野さんが勝負をかけて臨んだ1990年。だが皮肉にも星野政権初めてとなるBクラス、4位でシーズンを終えていた。

この年はスカウト部長の田村さんが定年退職され、新たに岡田悦也さんが二軍監督兼寮長から編成部部長になるという、スカウト部の体制も変わって迎えたドラフトだった。

目玉は亜細亜大の左腕、小池秀郎。前年の野茂に続き8球団の競合となった。抽選の結果、本人の〝一番行きたくない球団〟とされたロッテが交渉権を獲得。後に入団を拒否して話題になった。

この年は岡田さんが「小池でいきましょう」というと、星野さんは「そんなに力があるなら」と二つ返事のようにあっさりと1位が決まった。私も小池の指名に異論はなかった。力の突出

した選手は、何球団競合になろうが獲りにいくべきだと思っていたからだ。だが前年は野茂を回避してまで「確実に獲れる即戦力投手」にこだわったのに、今年はえらくあっさり決まったなと少し引っかかるところがあった。

会議では小池を外した場合の外れ1位は元住友金属の小島弘務でいくことがこれまたあっさり決まった。

小島は前年に住友金属から西武にドラフト外で一度は入団していた。だが駒澤大を早期に中退していたため、社会人野球では「高卒選手」として登録をされていた。そのため本来は3年間プロ入りできない選手だったのだが、西武は大学中退選手が社会人野球に進んだ（この場合は2年間プロ入りができない）と解釈してドラフト外で獲得をしていたのだ。これが野球協約違反とされ、西武との契約は無効となり、さらには、今後西武はドラフトまたはトレードで小島を獲得することが禁止されるというペナルティーまで科されてしまっていた。

「球界の寝業師」と呼ばれた西武の管理部長、根本陸夫さんらしくないミスにより小島は永久に西武のユニフォームを着ることができなくなってしまった。そんな経緯から小島は根本さんに面倒を見てもらいながら1年間浪人生活を送っていた。だから所属が『元』住友金属なのだ。

小島の外れ1位は岡田さんの意向だったが、私は反対だった。小島は平安高（現龍谷大平安高）

時代からマークしていた力のあるピッチャーで、私も実力は買っていた。だが、前年のゴタゴタを考えれば、わざわざ1位で指名しなくても獲得できる選手だったからだ。

今中と大豊のときのように、1位候補を2人獲るようなドラフトを仕掛けてきたのが星野さんだったのに、この年のドラフトは星野さんらしくない戦略だと思った。

外れ1位が小島になった背景

私の推測に過ぎないが、今にして思えば岡田さんは根本さんに頼まれていたのではないかと思う。あるいは根本さんに忖度したのかもしれない。西武時代の岡田さんは、根本さんの腹心中の腹心のような存在の方だった。そんな岡田さんを星野さんは監督就任した86年のオフに三顧の礼を持って西武から招き入れたという経緯がある。まずは二軍監督や寮長をやってもらい、チーム作りの下地が出来上がったところで、満を持してこの年から編成部部長に据えた。そもそも星野さんにとって岡田さんは明治大の大先輩でもある。

根本さんから頼まれれば岡田さんは嫌とは言えず、岡田さんが決めたならば星野さんも口出しはできない。おそらくそういった経緯から小島の外れ1位指名は決められたように思う。

ではなぜ下位指名ではダメだったのか？　それは契約金の問題だろうと思う。これは小島本人も後に公言していることだが、小島が西武からもらった契約金はこの年のドラフトの契約金で相殺される予定だったらしい。つまり、上位指名であれば多額の契約金が発生するため、西武からもらっていた契約金を全額返済することができるが、契約金の低い下位指名であれば、西武から受け取っていた契約金に足りない可能性もある。だから岡田さんは、小島を上位で指名したかったのだと思う。

その小島は1年目から6勝を挙げるなど奮闘してくれた。だがそれがキャリア最多の勝ち星となった。94年には一時抑えも任されたが、ドラゴンズの7年間で残した成績は通算17勝15敗8セーブ。その後ロッテにトレードされ、２０２２年からは浜松開誠館高校でコーチをしているそうだ。

ちなみに、前年のように小池の重複を避ける戦略であれば、オリックスとの競合になるが、私は立命館大の長谷川滋利を推したいと考えていた。

2位で指名した東北福祉大のキャッチャー矢野輝弘（現燿大）はバッティングを評価されての指名だった。キャッチャーとしてももちろん評価されていたが、足もあるため、他のポジションでも十分にやっていける選手だと思っていた。

この年は内野手のテコ入れも必要だった。セカンド、サードを守り、打率.３１３、29本塁打の好成績を残していた助っ人のバンス・ローがドラフト1週間前に家庭の都合で急遽退団していたからだ。宇野もベテランの域に達していた。そういった背景もあり3位は日本石油の即戦力内野手、五十嵐章人を指名した。しかし競合したロッテにさらわれ、代わりに関東一高のショート、山本保司を指名した。ショートにはこの年、怪我から復帰して初の3割を打った立浪が君臨していたが、センターラインを守れる良い高校生がいれば獲っておこうという判断だった。

契約金でもめた新人王・森田

5位で指名した住友金属の森田幸一は私のスカウト人生でも忘れられない選手の1人だ。この年は前年以上に即戦力の獲得がテーマで、3位の山本以外は全員大学、社会人選手で占められた。

ドラフト当日、5位指名を迎えようとしていたとき、ホテルの控え室で待機していると電話が鳴った。ドラフト会議場の高木さんからだ。「昨年から森田、森田って推薦していたけど、ここで指名して問題ないか?」と言う。森田を担当していた私への確認連絡だった。下位でも即戦力ピッチャーが残っていれば指名したいという星野さんの意向を受け、高木さんの頭に森田の名前が浮かんだのだろう。

森田のことは北陽高、近畿大時代から見てきた。実は、社会人2年目の前年に指名を狙っていたのだが、住友金属から「森田はあと1年会社に残す。今年はプロに行かせられない」と聞いていたので諦めていた。だが某球団が森田を獲得するという話を耳にした。「話が違う」と会社に確認したところ、森田が会社に無断で入団テストを受けたのだという。結局その球団への入団は白紙となり、森田はもう1年会社に残ることになったのだった。

そんなゴタゴタなどがあったせいか、この年の森田は投球に覇気が感じられず、私の獲得意欲もすっかり失せてしまっていた。その一方、「チャンスがあったら獲ってください」と高校、大学の監督からも言われていたし、前年には住友金属の監督さんからも「来年森田が良かったらぜひ獲ってやってください」とも言われていた。

そんなことも頭にあり、「問題ありません。本人も喜ぶと思います。是非お願いします」と高木さんに返答した。

ドラフト終了後、森田の関係者からは「中田さん、ありがとう！」と大喜びされた。指名当落線上の選手を下位で指名し、所属チームに貸しを作っておくことも長い目で見ればドラフト戦略の一つと言えなくもない。

だから、私は「森田ならすぐ入団する」と、そんなふうに楽観的に考えていた。だが森田は喜ぶどころか「行きません」と言う。契約金が安すぎるというのだ。社会人3年目、25歳のドラフト5位に4500万円は十分過ぎる額だ。私は球団にも「そんなに要りませんよ。2500万くらいでもいいくらいですよ」と見栄をきっていた手前、契約金を増やして欲しいとは今さら言えないと思った。森田をなんとか説得するしかない。

「ちょっと待ってくれ。君はそもそも前年にプロテストまで受けていたやないか。契約金0円でもプロに行きたかったんだろ？」

「去年と今年は違います」

「監督も期待しているし、入ってから頑張ればえぇやないか。この順位でこの金額は決して安くないぞ」

「いいえ。この金額では絶対にプロには行きません。僕はもう決めましたから」

交渉は決裂した。

こうなったら持久戦だ。私は契約を急がず時間を置くことにした。そのうち森田のほうから頭を下げてくるだろうと高をくくった。だが、森田の肝っ玉は据わっていた。一向に折れる素振りがない。

なんの進展もないままひと月近くが経過した頃、「何を揉めとるんじゃ?」と星野さんからも心配された。それまでの経緯を説明すると「なんぼ欲しい言うとるんじゃ? 5000万? あと500万くらい出してやれ!」と言う。

私は森田の態度に腹が立っていたので、「そんなに出す必要はない。もうプロ入り拒否でぇわ!」と、一時は獲得を諦めようと思っていた。最終的には「もしかしたら役に立つかもわからんから」という星野さんのひと言で、ようやく森田の契約金問題に決着がついた。

もうクリスマス前だっただろうか。森田の自宅を訪ね、契約金が500万円増額された契約書にサインをしてもらった。

「ありがとうございます」と言う森田に私はこう言った。

「わかってるやろうな! 腕がちぎれるくらい死ぬ気でやれよ! やらんかったらお前……」

ほとんど脅しである(笑)。

それでも森田は「中田さん、僕は絶対にやります! 腕がちぎれても投げますから」と活躍を誓ってくれた。

翌年、森田は八面六臂の活躍で、宣言通りに腕がちぎれるくらいに投げまくって見事に新人王を獲得した。球団関係者からも「獲っておいて良かったな」と喜ばれた。星野さんも「ほら見てみぃ。俺があと500万払ってやれと言うただけの値打ちがあったやろ。話を聞いたときに『なかなかえぇ根性しとる』と思ったんや」と得意げだった。

私のなかには「森田を指名してやった」という上から目線の気持ちがあったことは否めない。本人にも感謝されるだろう、もしかしたら「契約金なんか要りません！」くらいのことを言ってくるのでないか、そんな思い上がった気持ちもあったのかもしれない。

森田にはスカウトとして成長させてもらったと思っている。

1991年

見送られた「鈴木一朗」の指名

2位で取り逃した大物社会人投手

この年の秋、星野さんは5年間務めた監督の座を降りた。後任は球団OBの高木守道さん。ドラフト会議に出席したのは高木さんだが、星野さんは辞任するまでの間、スカウト会議に出ていたので、この年も星野さんのドラフトとして振り返っておきたい。

基本的には前年に続いて編成部部長の岡田さんが主導する形でこの年のドラフト戦略は決められた。

目玉は駒澤大の若田部健一（ダイエー1位）だったが、中日が1位で指名したのは東北福祉大の斉藤隆。ピッチャー転向は大学からだが、見るたびにすごみを増す伸びしろの大きさが魅力だった。大洋と競合になり、斉藤は逃してしまうのだが、外れで日本大の落合英二を指名することができた。右肘を怪我するまでの落合の投げるボールは強烈だった。怪我がなければ若田部と共に注目の1人になっていたはずだった。

そんな落合を他球団が指名回避するなかで、外れ1位で指名できたのには理由がある。それは当時岡山にあった、肘にサファイアを埋め込む画期的な手術をする病院と球団が繋がりを持っていたから。そこで治療をさせれば十分に戦力になるという見込みがあった。

落合は入団後に手術を受け、辛く長いリハビリに耐えて長らく中日投手陣を引っ張ってくれた。現在はヘッドコーチとして立浪監督を支えている。

西武が外れ2位で指名した日本生命の新谷博は中日も2位で狙っていたピッチャーだった。このとき27歳でドラフト候補としては高齢だったが、どうしても獲りたいピッチャーだった。

新谷は佐賀商業高時代から甲子園でノーヒットノーランを記録するなど、名の知れたピッチャーだった。元々、制球力、変化球のキレ、駆け引きなどピッチャーとしての資質は高いものはあったが、球速がもう一つ物足りなかった。それが、駒澤大を経て日本生命に進むと球速も出るようになり、社会人5年目を迎えたこの年は、球速がさらに上がり、無双状態になっていた。必ず即戦力として活躍するだろうと思ったが、ダイエーと「相思相愛」の関係で3位指名が既定路線と言われていた。

新谷がどうしても欲しかった私は、日本生命の監督と親しかったこともあり、本人にも会って話すことができた。そこで中日が指名しても入団してもらえるという手応えを掴んだ。しかし、一つ条件があった。それは1位指名と同等の条件を提示するというものだった。私は球団社長に掛け合うと、「そんなに力があるなら」と了承をもらい、日本生命にも新谷にも「間違いなく2位で指名します」と伝えた。だが、当日に2位で名前が呼ばれたのは新谷ではなく徳島商業高の右腕、佐々木健一だった。

西武に入団した新谷は3年目から3年連続の二桁勝利を記録し、最優秀防御率のタイトルも獲得するなど、遅いプロ入りながらも10年間、第一線で活躍した。そんな活躍を見た球団社長からは「中田君、なんであのときもっと強く新谷を推薦しなかったの」と怒られたことがあった。「いやいや、2位でも最高条件を出してくださいとお願いしたじゃないですか！」と言い返したが、後の祭りだ。

なぜ2位指名が新谷から佐々木に変わったのだろうか？　佐々木も他球団の外れ1位候補として名前が挙がるほど評価が高いピッチャーだったから、「2位で残っているならいこう！」となったのかもしれない。2位の選手に1位指名と同等評価はやはり難しいと、土壇場で球団が判断したのかもしれない。真相は今となってはわからないが、私は編成部部長だった岡田さんの意向だったと思っている。

岡田さんは日本全国、どこの球場に行っても何人もの関係者から挨拶を受けるなど、その人脈はものすごかった。そんな岡田さんは四国の丸善石油で監督をしていたことがあり、そのときにとある徳島商業高の有力ＯＢの方に大変世話になったという。そういう繋がりから「佐々木でいこう」となったのではないかと思っている。

ちなみに佐々木はプロ2年目に一軍で5試合ほど投げ、期待も大きかったがその後はフォームを崩し、4年でユニフォームを脱いだ。

3位指名されるはずだった鈴木一朗

いまだに中日ファンの方から、こんなお叱りを受けることがある。

「中日はなぜイチローを指名しなかったのか」

「中日のスカウトはそもそもイチローをバッターとして見ていなかった」

はっきり言っておきたいのは、イチローは上位指名候補であったたし、しっかり野手として評価していたということだ。もっと言えば3位指名がほぼ決定していた。

詳しく振り返ろう。この年にピッチングコーチから東海地区担当スカウトに転身した池田英俊さんが鈴木一朗のバッティングを高く評価していた。

春の愛知県大会が終わった頃、球団事務所で顔を合わせた池田さんに「愛工大名電の鈴木というピッチャー、バッティングが良いんだよ。一度見てくれないか?」と頼まれたことがあった。スカウト1年目で自分の目にまだ自信が持てなかったのだと思う。だが、岡田さんが部長になってからは「自分の担当地区の選手だけを推薦する。他の地区の選手のことに口を出さない」という不文律のようなものができていた。私は前年から岡田さんとの折り合いも良くなかった。「僕が見に行くと岡田さんになんか言われますよ。そんなに良いなら岡田さんに直接見てもらったほうがいいですよ」とやんわり断った。だが「お願いしても全然見てくれないんだ」と泣きつかれた。結局、直接見には行かず池田さんの持っている鈴木一朗の打撃練習のビデオを見させてもらうことにした。

体は細いが軸がしっかりしていてすごいスイングをする選手。

それが鈴木一朗のビデオを見た私の印象だった。

「いいじゃないですか!」と言うと、「そうだろ?」と池田さんは少し得意げだった。

スカウト会議で池田さんは鈴木一朗を強く推した。私も素材として素晴らしいと思ったので後押しした。

だいぶ時間が経ってから池田さんに「鈴木はどうなりましたか?」と尋ねると「上手いこと

いくみたいよ」ということだった。これで2位は日本生命の新谷、3位は愛工大名電高の鈴木一朗という指名順になるのだろうなと私は思った。

新谷ともう1人、担当地区からどうしても獲りたい選手がいた。それが渋谷高（大阪）の中村紀洋だった。中村を初めて見たのは1年の秋。バッティング練習の強烈なスイングが今も印象に残っている。打ち損じた打球でも強烈に真上に上がる。高校生でこんなにボールが上がった打球を見たことがなかった。

中村は翌年夏には私の母校・上宮高と大阪大会決勝で戦い、2年生ながら2本のホームランを打ってチームを甲子園に導いた、公立高に現れたヒーローだった。まともに勝負して抑えられるピッチャーは大阪にはいなかった。それくらい強烈なバッターだった。だからこの年のドラフトでは、「関西の高校生は中村だけ！」といってもいいくらい、中村に惚れ込んでいた。2位か3位でないと獲れないと思っていたから、池田さんには申し訳ないが、本音を言えば3位は鈴木一朗ではなく中村でいって欲しいと思っていた。

スカウト会議で私は中村を推し続けたが、ドラフトが近づいてきた9月になって「脚力がない選手は獲れないよ」と岡田さんにはねつけられた。

「足は遅いですが打撃は強烈です。守備も肩があってスローイングも良いです」とそれでも推したが、岡田さんの反応は芳しくなかった。「脚力が……」というのだから、もう3位は鈴木一朗にいくことを決めたのだな。それであれば仕方がないと、このときは中村の指名は難しいと半ば諦めていた。

イチローの呪縛

ドラフト当日、3位指名が始まった。鈴木一朗も中村もまだ残っていた。私と池田さんはここで鈴木一朗の名前が呼ばれるのだろうと別室でその指名を待った。だが名前が呼ばれたのは東北福祉大の即戦力内野手、浜名千広。浜名はダイエーと競合し抽選で外した。

外れの3位指名。呼ばれた名前は佐賀学園高の若林隆信だった。若林も甲子園でホームランを打つなど、パンチ力のある評価の高いバッターだったが、「スラッガータイプの選手を指名するなら、なぜ中村ではないのか！」と私は怒りにも似た感情が湧いてきた。

続く4位指名でも中日は2人を指名することなく、日立製作所の投手、若林弘泰（現東海大菅生高監督）を指名した。そして鈴木一朗はオリックスに、中村は近鉄から指名された。

鈴木一朗は1年目から、ジュニアオールスターでMVPを獲得し、ファームで首位打者にも輝くなど、将来の大活躍を大いに予見させる活躍を見せた。

登録名が「イチロー」となった3年目には210安打を放って社会現象になるほどの活躍を見せた。だが、球団から「なぜイチローを指名しなかったんだ！」などと言われることはなかった。指名をしなかった経緯を上層部もわかっていたからだ。

しかし、イチローの活躍以降、スカウト部内には空気の変化があった。

「地元のスター候補は全部獲ろう」

「補強ポイントではなくても地元にスター選手が現れれば獲りにいかなければいけない」

そんな暗黙の了解のような空気、雰囲気にスカウト部内は包まれていった。

「イチローの呪縛」とでも言うべきだろうか。

ドラフトなど、結果論ではなんとでも言えるものだが、この年は逃した獲物があまりにも大きすぎた。今でもこの年のドラフトを振り返ると、苦い思いが甦ってくる。

三浦大輔と伊藤智仁

この年のドラフトでは、イチロー、中村以外にも、広島4位の金本知憲（東北福祉大）、阪神4位の桧山進次郎（東洋大）など、下位指名から後に大成する選手が多く出た。なかでも私がその後のプロでの活躍に驚いたのは、高田商業高（奈良）の三浦大輔だ。何度も見に行っていたが、低めのスライダーのコントロールが絶妙だった。反面、スピードに物足りなさがあり、指名対象としては厳しいと判断して最終的にリストから外した。だが、大洋は6位で指名した。

プロ入り後、しばらくして急にスピードが上がっていたことに驚かされた。その後の活躍は改めて記すまでもないだろう。プロで172勝を挙げるまでのピッチャーになった。大洋スカウトの慧眼に脱帽するしかなかった。

翌年に3球団競合の末にヤクルトに入団する伊藤智仁（三菱自動車京都）の下位指名も実は密かに狙っていた。花園高時代から手元でピュッと曲がるスライダーのキレが抜群だった。だが、高校時代の三浦同様にもう少しスピードが欲しいと思っていた。社会人に進むと聞いていたので、無理して指名せずに社会人を経由したほうが本人のためにも良いだろうと思っていた。

入社3年目となるこの年のはじめ頃、ストレートが目に見えて速くなり、スライダーのキレもさらに磨きがかかっていた。監督さんに指名の打診をすると「まだ会社に貢献してないからもう1年待ってくれ」とそのときは断られた。それからの1年間で伊藤の名前は一気に広まり、バルセロナオリンピックでも活躍。ドラフトの目玉と騒がれるまでになった。

獲得するなら高校のときだったか……だがそこまでの確信は持てなかった。

第一次・星野仙一監督時代に指名した選手

1986年			
1位	近藤真一	投手	享栄高
2位	山﨑武司	捕手	愛工大名電高
3位	西村秀嗣	投手	柳川高
4位	荒川哲男	内野手	大宮東高
5位	長谷部裕	捕手	享栄高
6位	木村信吾	外野手	熊本鉄道管理局

1987年			
1位	立浪和義	内野手	PL学園高
2位	鎌仲政昭	投手	神戸高
3位	上原晃	投手	沖縄水産高
4位	小美濃武芳	投手	東洋大
5位	音重鎮	外野手	新日鉄名古屋
6位	高橋幸二	投手	盛岡工高

1988年			
1位	今中慎二	投手	大阪桐蔭高
2位	大豊泰昭	内野手	中日球団職員
3位	山口幸司	外野手	大宮東高
4位	中嶋治彦	投手	王子製紙苫小牧
5位	酒井忠晴	投手	修徳高
6位	清水雅治	内野手	三菱自動車川崎

1989年			
1位	与田剛	投手	NTT東京
2位	井上一樹	投手	鹿児島商高
3位	松永幸男	投手	三菱重工長崎
4位	松井達徳	外野手	日産自動車
5位	山田喜久夫	投手	東邦高
6位	種田仁	内野手	上宮高

1990年			
1位	小島弘務	投手	元住友金属
2位	矢野輝弘	捕手	東北福祉大
3位	山本保司	内野手	関東一高
4位	吉田太	投手	東北福祉大
5位	森田幸一	投手	住友金属
6位	寺西秀人	投手	NTT北陸

1991年			
1位	落合英二	投手	日本大
2位	佐々木健一	投手	徳島商高
3位	若林隆信	内野手	佐賀学園高
4位	若林弘泰	投手	日立製作所
5位	井出元健一朗	投手	四日市工高
6位	佐野心	外野手	いすゞ自動車
7位	永川満寿	内野手	西淀川高

※シーズン中にドラフトに深く関わっていた星野監督時代のドラフトとして扱っています

第一次・高木守道監督時代に指名した選手

1992年			
1位	佐藤秀樹	投手	三菱重工横浜
2位	鶴田泰	投手	駒澤大
3位	野口茂樹	投手	舟原高
4位	吉鶴憲治	捕手	トヨタ自動車
5位	伊礼忠彦	外野手	九州共立大
6位	古池拓一	投手	松下電器
7位	神野純一	内野手	愛知工大

1993年			
1位	平田洋	投手	豊田大谷高
2位	鳥越裕介	内野手	明治大
3位	笹山洋一	投手	小林西高
4位	遠藤政隆	投手	熊谷組
5位	工藤友也	投手	湖北高

1994年			
1位	金森隆浩	投手	立命大
2位	山田洋	投手	日通名古屋
3位	山田広二	内野手	トヨタ自動車
4位	原田政彦	内野手	東海理化
5位	三輪敬司	捕手	愛工大名電高
6位	大西崇之	外野手	ヤオハンジャパン

出遅れた松井獲得競争

星野さんが前年限りで退任し、高木監督のもとで新たなスタートをきったこの年、ドラフトの目玉は星稜高の松井秀喜（巨人1位）だった。星稜高のある石川は中日にとって準地元のような地域。『北陸中日新聞』もあるため、普通に考えれば何を差し置いても松井の1位指名は当然だった。

だが、夏頃だっただろうか、九州地区担当の大先輩、法元さんから連絡があり「星稜の山下監督が『中日は地元なのに全然挨拶に来ん』ってえらいへそを曲げているらしいで。全然松井のところに行ってないみたいや」と教えられた。

「うそでしょ!?」と思わず声が出た。

そんなこともあり、松井の意中の球団が「阪神、ダイエー、巨人」と報道され、中日は松井獲得競争に完全に出遅れていた。それから球団は慌てて法元さんを九州担当から「松井担当」に変更して、石川に送り込んだ。

関西地区担当の私としては、高校時代から見てきた三菱自動車京都の伊藤（ヤクルト1位）を推したかったが、中日の1位は松井以外にあり得ないと思っていたから、早くに諦めていた。

星野さんの監督就任直後のドラフトでは、地元のスター、享栄高の近藤を「何が何でも俺が引き当てる！」と星野さんの鼻息も荒く、「近藤1位は当然」という空気が球団にあった。だが、高木さんは「ドラフト指名の決定権はスカウトにある」というスタンスの監督だったので、「絶対に松井だ」とは主張されなかったし、球団全体も近藤のときのような空気にはなっていなかった。

編成部部長の岡田さんは、松井以外の選手を1位で考えていたのかもしれないが、球団としての明確な意思表示をしないままズルズルと時間だけが経っていた。

大きく出遅れた松井の獲得競争は、百戦錬磨の法元さんの粘り強い対応で、最終的に意中の球団に中日も入れてもらえるようになった。

ちなみに高木さんからは「なんでもっと早く松井1位で決めなかったの?」とだいぶ後になって言われた。それくらい、スカウトを信頼して口を出さない監督だった。

松井は抽選で外してしまったが、外れ1位で三菱重工横浜の佐藤秀樹、2位は駒澤大の鶴田泰、2人の即戦力右腕を指名できた。2人とも高校時代から評判のピッチャーだったし、当時は今中、山本昌の二枚看板以外に計算できる先発投手がいなかったこともあり、この2人が獲れたことは大きかった。

3位では丹原高(愛媛)の大型左腕、野口茂樹も獲得できた。カーブが素晴らしく春先までは「投げれば三振」という快投を見せ、上位指名確実のピッチャーだった。だが、夏前に故障して評価を下げていた。担当スカウトは早川実さんで、「どうしても獲りたいから協力してくれ」と言われ、実際そんなに野口を見ていなかったのだが「これは良いですよ!」とスカウト会議で早川さんを援護した。

後にMVPに輝き、星野監督の二度目のリーグ優勝に貢献する活躍を見せたのだから、あのとき、早川さんの眼力を信用しておいて良かった。

同学年、平田と川上の差

手探りで始まった逆指名制度元年。当初は早稲田大の仁志敏久（95年巨人2位）を狙おうとしたが、社会人希望とのことで早くに断念した。だが、同じ東京六大学、明治大の大型ショート、鳥越裕介を逆指名で獲得することができた。明治大OBの岡田さんのルートで獲った選手だった。守備は腰高で不格好ではあったが上手くて足もあった。打撃が弱くレギュラーは厳しいと思ったが、良い選手を獲ったと思った。

二枠使えた逆指名はのもう一枠は使わず、高校ナンバー1ピッチャー、地元・豊田大谷高の平田洋を1位指名した。

平田は地元中日入りを熱望し、実質逆指名のようなものだった。オリックスもギリギリまで指名の動きを崩さなかったが、最後は降りて宇和島東高の平井正史の指名に切り替えた。

キャンプで平田のボールを見るなり、監督、コーチ、評論家たちが「良いピッチャーが入ってきた」とそのボールを絶賛した。1年目のオープン戦でも結構な登板機会を与えてもらっていた。だが、その後は故障などもあり最後まで高校時代の輝きを取り戻すことはできなかった。

4年後に中日を逆指名する明治大の川上憲伸と平田は同学年。川上は下半身の使い方が抜群に良かったが、平田はその逆で、上体の使い方が抜群に良かった。しかし上体が強すぎて下半身とのバランスが悪かった。平田は最後まで下半身を使った投げ方が習得できず上体投げが直らなかった。

これが習得できていれば、川上を超えるとんでもないピッチャーになっていたと思う。

「ピッチャーは下半身で投げる」とはよく言ったもので、川上との差は下半身の強さ、使い方の差だった。

この年、私の読み違いから後に大物となる選手を獲り逃した。PL学園高の松井和夫（現稼頭央）だ。

スカウト会議で、私は松井を推した。高校時代はピッチャーだったが野手として評価していた。夏の大阪大会が終わった後、松井がショートの練習をしているというので学校まで見に行った。そのとき、プレー以前に、全身サイボーグというほどに筋骨隆々の松井の体を見てまず驚いた。守備も申し分なく、バッティングも軽く振っているのに当たれば飛び、足もあった。聞けばまだどの球団も獲りに来ていないという。先方からは「獲ってやって欲しい」とお願いされる感じだったから、こちらも「獲ります！　獲ります！」と二つ返事で、もう松井は絶対に中日で獲れると思っていた。

普段は何も言わない高木さんからも「そんなに評価しているなら3位くらいで指名したらいいんじゃない？」と珍しく言ってもらえたのだが、どこの球団も獲りに来ていなかったので「3位はもったいないです。もっと下の順位でも獲れます」と私はちょっと見栄を張ってしまった。自分しか松井の素質を見抜いていないのだからと。それが間違いだった。

結局3位は夏の甲子園でも活躍した小林西高（宮崎）の右腕、笹山洋一を指名し、松井は4位で指名という段取りになった。

ドラフト当日、3位で笹山を指名したまでは予定通りだったが、直後に松井は西武から指名された。高木さんに言ってもらった通りに3位で指名していれば獲れたのだが、「自分しかこの選手を見ていない」という奢りから、判断を誤った。本当に惚れた選手なのであれば一つでも上の順位で何が何でも獲らなければいけなかった。まだまだ自分が甘かったのだ。

このときは「まぁえぇわい」と私も強がっていたが、松井がプロ入り後にすぐに頭角を現し、あれよあれよと球界を代表する選手になっていったときに、逃した獲物の大きさを思い知った。

ちなみに、松井を見に行ったとき、「こいつは立浪に憧れて鹿児島から出てきたんです。小さい頃は中日のキャンプも見に行っていたそうですよ」と紹介されたのが、1年生の福留孝介だった。

このときの福留は、体つきは良かったがスイングはまだまだ粗かった。冗談交じりに「2年後良かったら獲りますよ」と話していたのだが、まさか7球団競合の選手になるとは思ってもいなかった。

「高校時代の印象」で逃した、後の大物ピッチャー

この年の1位は横浜高の4番打者、紀田彰一だったが、横浜との抽選となり中日は外した。

外れ1位候補は事前に2人の大学生ピッチャーの名前が挙がっていた。1人は立命館大の金森隆浩、もう1人は立正大の西口文也だった。2人とも私の担当する関西地区、和歌山出身。高校時代によく見ていたピッチャーだった。

さて、どちらでいくべきか。岡田さんは我々スカウトに意見を求めた。

関東地区担当の堀江忠一さんは「線は細いですけどスライダーの切れ味が抜群に良いですよ」と立正大の西口を推した。だが前にも書いた通り、岡田さんの体制下では自分の担当地区以外の選手は見てはいけないという不文律のようなものがあった。だから「この2人のどっちがいいか?」と聞かれても、異なる地区のピッチャー2人を実際に両方見て比較できるスカウトはいなかった。

岡田さん私に突然意見を求めてきた。

「そういえば2人とも和歌山出身だったな。中田は高校のときから2人を見てきているだろ? どうなんだ?」

私は記憶を頼りに、高校時代の2人の印象を話した。

県立和歌山商業高時代の西口の練習は何度も見ていた。良いピッチャーだと思ったが、線が細くて怪我も多く、体力面に不安があった。だが、やっ

と投げることができた最後の夏は強烈な腕の振りから強いボールを投げていた。指名も検討したが、立正大に進むということで指名を諦めていた。

耐久高時代の金森は荒削りだが馬力に魅力のあるピッチャーだった。大学を経由してワンクッション置けば面白いピッチャーになると思っていた。高校当時は、素材としては西口よりも金森のほうが良いと思っていた。そんなことを話した。

私は大学時代の西口のピッチングは見ていない。あくまでも高校時代の印象を話したのだが、最終的に岡田さんが「外れ1位は金森でいこう」と決めた。

西武に3位指名された西口の活躍ぶりは多くのプロ野球ファンも知るところだろう。プロに入っても線の細さは相変わらずだったが、抜群のスライダーを武器に通算１８２勝を挙げる大エースになった。

西口を推薦した堀江さんの目は正しかった。私が余計なことを言ってしまった。

金森は、1年目は怪我で出遅れて1軍登板はなく、プロ2年目は消化試合の阪神戦に先発したが、初回に満塁ホームランを2本打たれるなど1イニング8失点の大乱調。この年から監督復帰した星野さんに「二度と俺の前に顔を出すな！」と激しい怒りを買った。これも星野さん流の激励なのだが、気持ちの優しい金森はそれをバネに活躍することができなかった。結局プロでは通算2試合の登板のみに終わった。

この年は、5位の三輪敬司（愛工大名電高）以外の5人が全員大学、社会人選手だった。岡田さんは高校生よりも即戦力の選手を好む傾向のある人だった。

第二章
星野監督時代のドラフト

1995-2001年

1995年

球団の「外」から福留1位を決めた星野さん

回避もあった？　福留の1位指名

前年の『10・8決戦』に敗れ、「今年こそ！」と高木監督のもとで例年以上に優勝へ向けて強い思いで臨んだシーズン。だが、序盤から下位に低迷し、6月初めには高木さんが早くも休養。夏場には星野さんの翌シーズンからの復帰が既成事実となっていた。そんなシーズンのドラフトを振り返ってみたい。

この年のドラフトの目玉はもちろんPL学園高の福留だった。私は担当スカウトとして、10年に1人の逸材であるこの選手を1年の頃から見ていたし、当然球団にも1位指名を早くから進言していた。何よりもあれほどの逸材の意中の球団が中日と巨人だという。

だが、私には球団が福留1位の方針を決め兼ねているように映った。というのは、編成部部長の岡田さんがずっと「即戦力のピッチャーを獲ったほうがいいんじゃないか」というスタンスだったからだ。岡田さんは、今年は1位で誰を指名する、何位で誰を獲るなど、早くからあまり決める方ではなかった。我々スカウトも、岡田さんが何を企んでいるのか測りかねる部分も多かった。

そんな岡田さんはNKKの即戦力投手・舩木聖士（阪神1位）の逆指名を画策していたようだった。「ようだった」というのは、そのことを中国地区担当スカウトだった早川さんから電話をもらって知ったからだ。

当時の逆指名は選手の関係者などに接触し、交渉や根回しを行わなければならなかった。その「動き」を察知した早川さんから「岡田さんがこっちで舩木を逆指名で獲る動きをしているようだ。福留の指名はないかもしれないぞ。ウチはどうなってるんだ?」と連絡をもらったのだ。二枠使える逆指名の一枠は東北福祉大・門倉健で内定していた。つまり、もう一枠を舩木に使えば、それは福留を1位指名しないということを意味する。

「星野さんに報告したほうがいいんじゃないか?」

早川さんはそう言い残して電話を切った。

しばらくして星野さんから電話がきた。ちなみに、このときの星野さんは翌年からの監督復帰が濃厚だったとはいえ野球解説者であり、球団の「外」の人だった。

「今年のドラフトは福留1位で決まってるんだろう？　なんで公表せんのや」

私はその電話で、半ば泣きつくように言った。

「スカウト全員が福留でいこうと言っています。福留本人も中日が意中の球団です。それでも岡田さんは船木でいこうとしているようです。こんなことでいいんですか！」

後日、私は星野さんに呼び出された。

「今のスカウト（部）は、どないなっとるんじゃ！　思っていることを話せ」

岡田さんと折り合いが悪かったことは前に書いたが、この数年岡田さんに対して思っていたことを全部話した。かなり辛辣なことも口にした。

「お前、岡田さんが俺の恩人やと知っていて言うとるんか？」

星野さんにすごまれたが、私も我慢の限界だったので売り言葉に買い言葉で応戦した。

「恩人かなんか知りませんけどね、アカンものはアカンでしょ！」

「そこまで言うからには責任を取れるんだろうな！」

「責任を取れというならいつでも取りますよ。岡田さんにはもう何度もクビにされているようなもんですから！」

岡田さんと星野さんに喧嘩を売ってしまった以上、本当にクビになるかもなと覚悟した。

結局その場ではお互いに冷静に話を続けることができず、後日、球団の偉い方が間に入る形で、冷静に話をする場を改めて設けていただいた。

色々と思うところを話させてもらい、最終的に星野さんから「岡田さんには俺が言っておく。1位は福留で決定でいいからいけ！」と非公式ながらも福留1位指名へのゴーサインが出た。

ちなみに岡田さんはシーズン途中に大病を患い入院され、その後は本田さんがスカウト部長代行、伊藤潤夫球団代表が編成本部長、私がまとめ役となった。

岡田さんは本当に福留を回避して舩木にいこうとしていたのかはわからないままだ。

迎えたドラフト当日、会場で円卓につくと星野さんは「おい、扇子はないんか？」と聞いてきた。扇子とは、スカウトの高木さんから授かり近藤と立浪を引き当てた縁起物のあの扇子のことだ。だが高木さんは阪神へ移籍していたため扇子はなかった。そのせいということもないだろうが、7球団競合となった福留の交渉権を引き当てたのは近鉄の佐々木恭介監督だった。

「福留に謝りに行ってこい」

1位指名の抽選が終わると星野さんが私に告げた。事前に「福留は必ず俺が当たりくじを引くから心配するな」と公言していたからである。

私はドラフト会議終盤に会議場を抜け出し、星野さんの気持ちを伝えるため、下りの新幹線に乗り大阪を目指した。

交渉権が近鉄になってしまった以上、福留に直接会うわけにはいかない。違反行動にならないように細心の注意を払いながら、関係者を通じてなんとか謝意を伝えることができた。今にして思えば、このときから3年後の逆指名獲得へ向けた動きが始まっていたのかもしれない。

「4人のショート」で一番評価の低かった荒木

福留の外れ1位で指名したのは東海大相模高のキャッチャー原俊介（現東海大相模高監督）。残っている選手のなかからポジションに関係なく力のある選手を指名しようということになり指名したのだが、巨人と競合して外した。

「外れの外れ」は誰でいくべきか。ヤクルトも抽選を二度外したため、三度目の抽選になる可能性もあった。「くじ引きにならん奴、確実に獲れる奴でいこう」という星野さんの要望もあり、3位か4位で指名予定だった熊本工業高の荒木雅博を繰り上げて1位指名した。

指名しておきながら言うのもなんだが、荒木に「1位」は荷が重すぎると思った。正直、荒木を気の毒にさえ思った。

この年、福留を含めて3人の高校生ショートがドラフト1位指名されている。スカウト内での評価は、福留がもちろん別格。打撃が圧倒的で守備に目をつぶってでも使う価値のある選手だった。その次が銚子商業高の澤井良輔（ロッテ1位）と上宮高の三木肇（ヤクルトの1位）。澤井は長打が魅力だったが守備もバッティングもちょっと荒っぽいところがあった。三木は走攻守のバランスに優れていたが突出したものがなかった。荒木はその次という評価だった。守備と足は図抜けていたものの、打つほうが弱くて評価が低くなっていたのだ。

そんな荒木が、後にチームの黄金時代を支え、２０００本安打を達成する選手になるのだから、ドラフトはわからないものだ。

諦めきれずに指名したユーティリティー選手

逆指名2位で東北福祉大の門倉を獲得できたのは大きかった。東北福祉大に強いパイプを持っていた岡田さんのお陰で、この評判の高かった即戦力右腕をすんなりと獲得することができた。右の先発が手薄だっただけに門倉の逆指名は良い補強となった。

3位では大阪学院大のキャッチャー藤井優志を指名した。キャッチャーが補強ポイントだったわけではないが、藤井は馬力もパンチ力もあって肩も良かった。単純に「良い選手」だったからこの順位で指名をした。

4位で指名した渡邉博幸は三菱自動車川崎で3年目の選手だった。実は前年にも指名を考えていたのだが、そのときは指名予定の順位も低かったことから会社側から難色を示された。

渡邉は、バッティングにはパンチ力があり、主にサードだった守りも堅実。レギュラーが欠けたときのバックアップとしてはもちろん、代打、守備固めでも計算が立つ。ベンチに1人いてくれると助かる選手で、1年経っても諦めきれずにどうしても欲しいと思った。またこのときは、星野さんが監督就任直後に、4人の内野手をトレードで放出(前原博之を清水と共に西武・村田勝喜、山野和明とトレード、仁村徹、酒井、山本をロッテ・前田、平沼、樋口一紀とトレード)していたことから即戦力の内野が欲しかったという事情もあった。

渡邉は、落合監督時代にはファーストでゴールデングラブ賞も獲得し、優勝にも貢献してくれた。引退後もコーチとして長くチームに貢献してくれている。

5位の大塔正明は大学ジャパンに選出されるほどのピッチャーだった。なぜこの順位で獲れたかというと、結果的に「強引な指名」をしてしまったからだ。

大塔は松下電器への就職が決まっていた。だが、近畿大野球部の御大である松田博明さんから「うちの大塔、松下に決まっとるんやけど指名してやってくれんか?」と頼まれた。「大丈夫ですか?」と確認したが大丈夫だと言う。しかも「何位でもいい」とまで言う。

不安もあったが御大が言うのだから万事大丈夫なのだろうと「はい喜んで！」の心境で、5位で指名した。すると事情を知らされていなかった近畿大野球部監督の本川貢さんに「なに考えてんねん！」と激怒された。指名してOKではなかったのだ。

私は松下電器にも謝りに出向いた。監督は私より1つ上、近畿大OBの島田行雄さんだった。島田さんは「中田、これは松田さんに頼まれたのか？」と状況を察し、「上には俺から謝っておくわ」と言ってくれた。後日、島田さんと一緒に松田さんのもとに出向いた。そこで「悪いな、島田。中田、大塔を頼むわ」ということで話は収まった。

もちろん最終的には本人の意思が一番大事なことではあるのだが、ドラフトでは時折こういったことも起こるのだ。

この年、忘れられない選手がいる。関東地区担当スカウトの堀江さんが「NTT関東にえぇバッターがいるから見にきてくれ」というので、都市対抗野球を一緒に見に行った。身体は大きくないがバッティングが強烈で打球を飛ばせる選手だった。「これはいいですねぇ！」と会社に指名を打診したが、「今年はプロに出せない」とのことで断念した。その選手の名前は小笠原道大（96年日本ハム3位）。上位指名で打診すれば可能性はあったかもしれないが、上位で指名するには、ちょっと勇気がいった。

こぼれ話

1995年

スカウトクビの危機からチーフスカウト抜擢

この年のオフ、星野さんが再び監督として戻ってこられた。同時に私はチーフスカウトに抜擢された。そこだけを見れば順調な出世に思われるかもしれないが、実はスカウトをクビになる寸前だった。当時の編成トップ、岡田さんと私は折り合いが悪かったことは本文で書いたが、岡田さんが中日に来られた当初は、「中田、頼むぞ!」という感じで関係は良好だった。ヒラのスカウトだった私を、西日本のスカウトの意見を取りまとめる統括担当のような係にも抜擢していただいたりもした。

だが、いつの間にか私がやること、なすこと、推す選手に至るまで、ことごとく反対されるようになってしまった。福留を1位指名しない動きがあったことも書いたが、それなどはその典型だった。

そうなってしまった原因は私にある。私は相手が岡田さんだろうが、「それは違うと思います」「いや、こっちの選手のほうが絶対にいいですよ」というような、従順ならざるスカウトだったからだ。だから岡田さんには「中田はオレの言うことを全部否定するやつだ」というように思われたのだと思う。最終的には「中田には(スカウト部内の情報を)言うな」とまでなり、スカウトをクビになるか、他部署へ配置転換されそうになっていたのだ(球団の人が止めてくれて事なきを得たのだが)。

岡田さんは、この年のシーズン途中に大病を患われて第一線を退かれるのだが、その穴を埋めるように、本田さんがスカウト部長になった。本田さんにはこんなことを言われた。

「お前に全部任せる。監督もお前のことを信頼しているから、全部監督と直にやりとりしていいから」

実際、その後は星野さんから「あいつ、今度トレードに出すからな。ちょっと（ドラフトのことも）考えておいてくれよ」という話も事前にしてもらえることもあった。もちろん極秘だ。星野さんからの信頼を感じると共に、改めて自分が責任ある立場になったことを実感したものだった。

1996年

ダイエーとの熾烈な選手争奪戦

心中複雑だった井口の獲得競争

この年は早い段階から超目玉選手、青山学院大の井口忠仁（現資仁）を獲りにいく方針が決まっていた。井口はバッティングも守備も脚もすべての面で別格だった。翌年にナゴヤドーム（現バンテリンドーム）が開場することもあり、スピードのある選手、華のあるスター選手が欲しかったところに、井口はうってつけの選手だった。本人が中日ファンであり、立浪に憧れているという情報も入手していたから狙わない手はなかった。星野さんと担当スカウトの水谷啓昭さんの鼻息も荒かった。

ただ、不安もあった。ダイエーの中内正オーナー代行が青山学院大のＯＢ。3年前にはドラフトの目玉だった同じく青山学院大の小久保裕紀を1位ではなく逆指名の2位で獲得もしていた。だから井口が3年時から半ばダイエーに決まっている、獲得は難しいと私は思っていた。

また、もし井口が獲れたとしたら、前年に近鉄1位指名を拒否して日本生命に進んでいた福留が中日に来てくれなくなるのではないかという不安もあった。福留は日本生命ではサードを守っていたが、ショートへのこだわりの強い選手だったから、井口とポジションが被ってしまう恐れがあった。井口の獲得を目指しつつも、私の心中は複雑だった。

実際調査を進めると、井口本人は知らなかったかもしれないが、やはりダイエー入りで固そうだった。水谷さんにも「ダイエーでほぼ決まっているみたいです」と撤退を促したが、「本人は立浪に憧れている、ウチでやりたいと言っている」と諦めなかった。

井口ともう1人、東海大・森中聖雄の逆指名を狙っていた時期があった。森中はその年に行われたアトランタ五輪にも井口と共に選ばれていた即戦力左腕。こちらも横浜逆指名で固いと思われていたのだが、あるとき星野さんから「森中っていうピッチャー、脈があるらしいな」と尋ねられた。担当スカウトは東海大OBの石井昭男さんだったが、聞けば監督の原貢さんが星野さんと仲が良く、監督個人としては中日に入れたい思いがあったそうなのだ。だから石井さんも9月頃まで森中の逆指名獲得に奔走した。だが、元々から固いと思われていた横浜逆指名を覆すことはできなかった。

森中を諦めたことで逆指名2位の枠が空いてしまった。スカウトの堀江さんは専修大の黒田を推した。だが広島が早くから逆指名2位での獲得を目指していた。それでも堀江さんは強く推したが、専修大とは数年前の種田のときのいきさつもあったので強引にはいけないという遠慮もあった。

前にも書いたが、上宮高時代の黒田は3番手くらいのピッチャーで、たまに試合で投げても、自信がないのか気が弱いのかストライクが入らないようなピッチャーだった。「素材は良いのだから自信を持ってやれよ」と励ましたこともあった。そんなイメージが強く残っていたので、いくら大学で成長したとはいえ「あの黒田が中日に来て星野さんの下で力を発揮できるか……」と考えると、獲るのは怖いと思った。結局、黒田は獲得リストから消した。

星野さんの敗北宣言

9月にもなると各球団を逆指名する選手達の顔ぶれも決まってきていた。中日はまだ井口を諦めていなかったが、井口がダメだった場合のことを考えておかなければならなかった。こういう場合の星野さんの方針は明確だった。

1位で狙った選手は最後の最後まで諦めない。ダメだったら中途半端な即戦力ではなく高校生のナンバー1にいく。

このような方針だったから、私は井口がダメだった場合の高校生の獲得にも同時に備えていた。真っ先に欲しかったのは森野将彦だった。春先の時点で前述の石井さんから「東海大相模の森野ってバッターが良いから見に来て」と言われていた。練習、試合と森野のバッティングを見ていて天才だと思った。石井さんとは「森野を2位でいきましょう」と話した。

チーフスカウトになってからも関西地区担当を兼務していた私は、パンチ力のある打撃が魅力の外野手、南部高（和歌山）の濱中治も評価していた。監督さんとは懇意だったので、「濱中の評価はどんな感じ?」と聞かれたときには、「東海大相模の森野のほうが評価は上です。森野が残っていなければ2位か3位で指名させてください」と正直に伝えていた。濱中は3位でウェーバー順が先の阪神に指名されて指名することはできなかったが。

高校生でもう1人評価の高い野手がいた。宇和島東高の岩村明憲だ。夏の大会前に、当時四国担当スカウトだった近藤から「良いバッターがいる」と報告を受け、愛媛まで飛んだ。

岩村のバッティングには確かに光るものがあった。だが怪我の影響なのか、試合前のノックに参加しなかった。ポジションはショートと聞いていたが、試合が始まるとファーストを守っていた。その辺の評価に困った。野手を評価するのに、ノックというのは大事な判断材料の1つになるからだ。

結局、上位では森野を指名する予定もあったため、森野が獲れなかったときに考えようということになったが、岩村は森野と同じ2位でヤクルトが指名した。

神宮球場で行われていた秋の東都大学リーグ戦での井口のプレーを星野さん、水谷さんと一緒に見ているときだった。星野さんは井口のプレーを見て「やっぱりいいなぁ」と言った後に、「どうも無理みたいやな」と呟いた。事実上の敗北宣言だった。

その後、球場近くの会員制クラブに場所を移すと、そこでも星野さんは「井口、見てたらやっぱりいいけどなぁ」と口惜しそうに言った。だがすぐさま「でもいいよ。高校生の活きのいいのにいけばいいから」と方向転換を指示した。

井口担当の水谷さん、森中担当の石井さんの2人は初めから形勢不利だった状態のなかで最後まで諦めずに奮闘された。私だったらとっくに諦めていたと思う。

九州共立大の外野手、柴原洋のことにも触れておきたい。本来は逆指名クラスの選手だったが、本人は地元のダイエー入りを熱望していた。だがダイエーは1位で井口、2位で松中信彦(新日鉄君津)の逆指名が決まっており、柴原は3位でのダイエー入団を夢見ていた。ダイエー以外から指名された場合は、ダイエー系列でもあった社会人野球のローソンに進むことを公言し、

「ダイエー以外お断り」の姿勢を崩さなかった。

中日は井口を諦め、1位は明野高の速球派右腕・小山伸一郎でいくことは決まっていたが2位は流動的だった。森野の指名が有力だったが、ギリギリまで柴原を強行指名する動きを崩さなかった。単純に柴原の能力を評価したこともあるが、ダイエーに対して井口との獲得競争に敗れた悔しさもあった。だが一番は、逆指名権もない3位指名なのに「ダイエー以外は行きません」というような、そんな好き勝手なことをされて黙っていていいのか、という思いが強かった。だから強行指名して拒否されても構わないとさえ思っていた。新聞紙上を通じて柴原サイドに痛烈な嫌みを言ったことも覚えている。

そんなことをすれば大学との関係が悪くなりそうなものだが、渡辺麿史スカウトが常にフォローをしてくれていた。

「うちは柴原で最後までいきますよ！」

「来てもらっても無理だよ」

「そんなことはわかってますけど、こっちも面子があるから『いきますよ！』と言わないとしゃあないでしょう！」

裏ではこんなやりとりをしていた。関係は決して悪くなかった。その証拠に5年後には同大学からキャッチャーの田上秀則を3巡目で指名している。

監督の甥っ子・筒井

筒井壮の指名はその血縁関係から、星野さんから頼まれて下位指名したように思われているかもしれないが、事実は少し異なる。星野さんはむしろ指名に否定的だった。というのもトヨタ自動車への就職が内定しており、トヨタに進ませたがっていたからだ。そんなときに、明治大側から「筒井がプロに行きたいと言っているが中日で指名するのか?」と確認がきた。

大学側としてはトヨタに決まっているので行ってもらわないと困る。指名はしてくれるなという確認だった。中日も「全然指名する気はありませんから」と返答をした。

それでも筒井はプロに行きたがった。そんな甥っ子を見かねて、星野さんは私に筒井の説得役を命じた。説得というのはもちろん、トヨタに行かせる説得である。「トヨタに行くなら最悪、2年後に指名する約束をしてもいいから、なんとかトヨタに行くように話してこい」というのだ。星野さんも母校と甥っ子の板挟みになって困っていた。

新宿の焼き肉店で、私は筒井に懇々と話して聞かせた。筒井は上宮高の後輩でもあり、高校時代から面識があった。性格的にも素直で、練習を見に行くと「僕は星稜の松井よりも上ですか？　下ですか？　将来松井を追い抜ける可能性はありますか？」と真面目な顔で聞いてくるような、純粋で可愛げのある男だった。

2、3時間は話しただろうか。筒井はわかってくれたようだった。

別れ際になって「わかったな壮、お前は取りあえずトヨタに行って頑張るんだぞ」と話すと筒井はこう言った。

「中田さん、今日はありがとうございました。僕は野球を辞めます」

「え⁉」となり、そこからまた長い時間話をしたのだが、態度を硬化させた筒井は「プロで獲ってもらえないならトヨタに行かず野球を辞めます！」の一点張り。埒があかずその場で星野さんに電話を入れた。そこで仕方なく「枠があるのであれば何位でも良いから獲ってやれ。大学には俺が土下座しに行くから」ということになり、筒井は7位で指名されたのだった。

純粋に1人の選手として見ても、実力的に順位は妥当なものだった。バッティングはパンチ力があったが足が遅く、守れるポジションも限られていたからだ。だが、物怖じしない性格と人を惹きつける魅力があった。違った意味で星野さんの血を引いている人間だと思ったものだ。

筒井は05年に阪神に移籍し、翌年に引退した。その後は阪神で、一、二軍のコーチを歴任し、今年は岡田彰布監督のもとで一軍外野守備走塁コーチを務めている。

1997年

1位で川上、5位で井端、会心のドラフト指名

ドラフトの目玉、川上の逆指名

この年のドラフトは、超目玉の慶応大・高橋由伸が、巨人、ヤクルト、西武のどこを逆指名するのかに大きな関心が集まった。一方、高橋と同じくドラフトの超目玉だった、明治大・川上は中日がすんなりと逆指名1位で獲得することができた。星野さんが明治大OBということが大きかったのは言うまでもない。

川上の一番の魅力はピッチャーとして一番大事なアウトローへの制球力が抜群に良かったこと。フォームも下半身で引っ張ってきてぐーんと重心移動して、下半身の力で最後に一気に爆発させる。その理想的なフォームから投げられるボールは球速こそ145キロ前後だったが、球筋も良く、球威、精度も抜群だった。この年のピッチャーの中では群を抜いた存在だった。

川上は徳島商業高時代に甲子園に出ていたが〝良い投げ方をしている、まとまりがあるピッチャー〟程度の印象しか残っていなかった。進学希望という話も聞いていたのでドラフト候補としては見ていなかった。仮に本人がプロ入りを希望してもドラフトのボーダーラインくらいの評価だったと思う。高校時代の評価でいえば、94年に1位指名した豊田大谷高の平田のほうが断然上だった。それが明治大では2年頃から体格が目に見えて大きくなり、すごいボールを投げはじめていて驚いた。

川上ほどの選手をすんなり獲得できたのだから、前年は泣かされた逆指名という制度が、この年は中日にとっては有利に働いたことになる。もっとも、「すんなり」とはいっても、それは結果的にであって、裏では他球団がちょっかいを出す素振りを見せたりと、いろいろな駆け引きはもちろんあった。だから担当スカウトは最後まで息を抜けず大変ではあったのだが。

その逆指名のもう一枠を使って、狙っていたのがＪＲ東海のピッチャー・永井智浩だった。ナゴヤドーム元年を最下位で終えていたこの年、投手陣の整備が不可欠だったのだ。

永井は私が関西地区担当だった頃、明石高時代から追いかけていた選手でもあったが、高校時代から故障の多い選手で、社会人になってからも肘に不安を抱えながら投げていた。肘の故障具合は、入団直後に手術する必要があるほどだったが、それでも持っている能力の高さもあり2位での獲得を目指していた。万全であればもちろん1位でなければ獲れない選手でもあった。

永井に挨拶に行った時点ではダイエー以外の球団はどこもマークしておらず、獲得の手応えは十分にあった。相思相愛に近い関係が築けていると思っていた。だが、9月に入った頃だっただろうか、ダイエーが獲得合戦に本腰を入れてきた。中日は川上の1位は動かせないので永井を獲ろうとすれば2位でいくしかなかった。もっとも、この頃になると藤蔭高(大分)のスラッガー森章剛を気に入った星野さんが「永井は肘が悪いんだったら3位でも獲れるだろ。2位は森でいけよ」と言いはじめ、永井の2位指名すらも危うい状況になっていた。

「今さら『3位で……』なんて言えないですよ」と星野さんに泣きついたが、最悪の場合は本人には「2位で指名する」と約束しておいて「手術の不安があったから土壇場で3位になった」と後で説明するしかないかと、そんなことが頭をよぎり心苦しさを感じていた。

最終的に永井はダイエーを逆指名した。相手が「1位」という最高条件を出したのだからダイエーを選ぶのも当然だった。こちらとしても致し方がなかった。前年の井口、柴原に続いて、またしても狙っていた選手の獲得合戦でダイエーに敗れた。

その永井はプロ入り2年目に二桁勝利を挙げると、99年の日本シリーズでは中日を相手に6

回無安打の好投を見せて日本一に大きく貢献する活躍を見せた。このときはさすがにドラフトで獲れなかった悔しさが頭をよぎった。

中日は森を2位で予定通り指名した。前年にも2位で森野を指名していたが、森には森野とはまた違ったホームランバッターとしての魅力があり、2年続けて高卒の左バッターを上位で指名することは気にはならなかった。それぐらい森の長打力の評価は高かった。

3位で獲得したNTT北陸のサイドスロー、正津英志は担当スカウトの法元さんから「正津おもろいで」と推薦があって獲得したピッチャーだった。新人王を獲得した川上の陰に隠れがちだが、45試合に登板して6勝1敗、防御率2・45という成績を残し、新人王級の活躍で中日ブルペンを支えてくれた。今は中日でスカウトをしている。

4位で東北福祉大のキャッチャー、鈴木郁洋を獲得しているが、前年には亜細亜大の中野栄一、その前は藤井を指名しており、3年連続で大学生キャッチャーの指名となった。当時の一軍正捕手は中村だったが、中村の後釜候補という一面ももちろんあったが、この年のドラフト前には矢野が阪神にトレードされており、二番手キャッチャーの獲得も急務だったのだ。鈴木は東北福祉大の先輩と入れ替わる形で中日に入団した。

雨中のプレーに抜群のセンスを感じた井端

2位で永井を狙っていたことは書いた通りだが、青山学院大の高須洋介を2位で推す声もあった。だが近鉄が逆指名の2位で狙っているという情報も掴んでいたので、高須を獲るならばこちらも逆指名枠を使わなければ獲れない状況だった。私は永井のほうを評価していたし、高須に逆指名枠を使うのはちょっと評価が高すぎるように思ったので反対した。

「だったら高須より面白い選手がいるんだけど」

そう言って、亜細亜大の井端弘和の名前を挙げたのはスカウトの水谷さんだった。

私は井端を見るために水谷さんと神宮球場に向かった。その日はあいにくの雨だったが、雨中のプレーには選手のセンスが表れやすく絶好の機会でもあった。

井端はセカンドだったが、6-4-3のゲッツーでセカンドベースに入るタイミング、そして一塁への慌てない送球など、一見普通に見えるプレーの端々に抜群のセンスを感じさせた。二遊間の深い位置からの一塁送球にも肩の強さがうかがえたし、ショートが危なっかしいプレーをすれば、それを平気な顔をしてぱっとカバーをする。

バッティングは追い込まれてからのアウトコースギリギリのボールもきっちりカットした。

「あのボールに最後の最後にぱっとバットを出せるんか⁉」と驚いた。バットコントロールも抜群で、速そうに見えなかった足もストップウオッチで計ってみるとかなり速かった。

プレーに派手さはないが堅実で玄人好みのする、野球センスの高い選手。そしてなによりも、中日にぴったりの選手だと思った。

一緒に見ていた水谷さんに「3位でも獲れますか？」と聞くと、「下位でも獲れる」という。

「これはもう決定でしょ！　星野監督に言いに行きましょう」

その足で星野さんに報告に行った。

「高須は近鉄が逆指名でいくみたいです。でも高須よりも良いのがいてます。亜細亜大の井端です。ピッチャーからすると一番嫌なタイプです。何位でも獲れます！」

「お前等がそこまで言うなら、井端でいこう」

こうして井端の指名が決まった。

余談になるが、井端は入団後、2年間は一軍でほとんど使ってもらえなかった。井端が3年目のあるとき、当時の一軍ヘッドコーチの島野育夫さんに井端を使ってくれと頼みに行ったことがある。

「ファームにおる井端、目をつぶって一軍で使ってください。あいつはファームに置いていても目立ちません。一軍に置いたら初めて良さがわかると思います」

島野さんも「目をつぶって使うように監督にもいうとくわ」と言ってくれ、実際に星野さんも「スカウトがそこまで言うなら一度目をつぶって使ってやれ」と井端を一軍の試合に使ってくれた。

初めは代走、守備固めなどからチャンスを掴んだ井端は、時には外野も守るなどして一軍でも必要とされる選手になっていった。その後の活躍は皆さんご存知の通りだ。

井端は高いレベルで使われてこそ生きる選手だった。二軍で残している数字だけではその能力を測れない選手もいるのだ。

高校生左腕三羽ガラスの評価

夏の甲子園を見た星野さんは、平安高の川口知哉（オリックス1位）を「左やしダイナミックやし、ええんじゃないか？」とえらく気に入っていた。確かに甲子園の川口は素晴らしかった。だがずっと見てきた私からすれば甲子園の川口はちょっと出来すぎだった。意地悪な言い方をすれば甲子園だけ活躍をしたピッチャーだった。

「元々荒っぽいピッチャーですし、甲子園ではスピードも出ていましたけど、普段はこんなには出ません。だから元々評価はクエスチョンです」と星野さんには伝えた。

「そうなんか。俺の目にはこのピッチャーが一番よく見えるけどなぁ」と残念がるようなことを言っていたが、逆指名1位は川上で不動という戦略だったこともあり、どこまで本気で川口を狙っていたのかは測りかねた。

この年は川口の他にも、『高校生左腕三羽ガラス』として、水戸商業高・井川慶（阪神2位）と鳥取城北高・能見篤史（２００４年阪神自由枠）がいた。井川はボールも速く、積んでいるエンジンの大きさが魅力。大化けが期待できたことから評価も高かった。能見は線が細く、素材的には2人に見劣りしたがピッチャーとしての魅力は一番だった。だから個人的な評価は井川、能見、川口の順だった。だが、ほぼすべての指名順位が決まっており、ドラフト戦略上、この3人は縁がない選手と割り切って見ていた。

この年のドラフトを振り返ると、逆指名で獲得した川上はもちろん、5位で指名した井端が球界を代表するショートになってくれたことが大当たり。3位の正津も即戦力の活躍でその後も長く中日ブルペンを支えてくれた。星野監督時代の会心のドラフトの一つだったと言えるだろう。

こぼれ話

1997年

2年で横浜高の選手、OBを4人も指名

この年は6位で国際武道大の強打者、高橋光信と7位で関東学院大の左腕、白坂勝史を指名した。前年には3位で幕田賢治、4位で亜細亜大のキャッチャー、中野を指名しており、2年間で横浜高の選手、OBを4人も獲ったことになる。そこにはどんな思惑、経緯があったのかというと、実はなにもない。パイプ作りが目的だったわけも、横浜高の関係者から頼まれわけでもなく、全くの偶然だった。あとから言われて気がついた。

指名した4人の中で、もっとも活躍してくれたのは高橋だ。大学日本代表では慶応大の高橋を抑えて4番を打ったほどの、パンチ力あるバッティングが魅力だった。

ナゴヤドーム元年を最下位で終えていたこの年、星野さんからは「ピッチャーなら低めへの制球力、野手は打撃よりも足と肩がある選手が欲しい」という要望があった。高橋は足もないし、横浜高時代はキャッチャーだったが肩がないため、大学ではファーストだった。星野さんの希望する選手の条件から大きく外れた、いわゆる打つだけの選手で、ナゴヤドームに不向きなタイプの選手だった。だがバッティングの魅力は捨てがたかった。

「ピンチヒッターでもなんでも、打つことに関しては間違いなく戦力になると思います」

星野さんにそのような説明をして、ピンチヒッターでの活躍を期待して割り切って指名した選手だった。

高橋は、落合監督就任後に「右の4番候補」の1人として名前を挙げられるほど期待をかけられ、シーズンでは右の代打の切り札として期待通りの活躍を見せた。落合監督の初優勝に貢献してくれた選手だった。

1998年

逆指名の恩恵を最大に受けた指名

3年越しの福留獲得

95年に抽選を外して以来、3年越しで日本生命の福留を逆指名1位で獲得することができた。3年前に福留が中日と並んで意中の球団に挙げていた巨人は大阪体育大の上原浩治と近畿大の二岡智宏の逆指名獲得を狙っていたため、福留争奪戦から事実上撤退していた。だから3年間密着マークを続けた中日の逆指名権獲得は早くから固い状況だった。

福留はショートに強いこだわりのある選手だった。しかし社会人時代はほとんどサードを守っており、その守備もお世辞にも上手いとは言えなかった。だから入団時に、私は担当スカウトとして星野さんにこんな助言をした。

「監督、なんやかんやいうて、福留は社会人では1回もショート守ってないですからね。サードで使ったほうがいいんじゃないですか？」

星野さんは、こう言って聞く耳を持とうとしなかった。

「アカン！　3年前から『ショートで使う！』と約束しとるんや。お前は要らん心配するな！」

だが、キャンプが始まると、内野守備コーチだった高代（延博）さんからは「孝介をショート以外で使うように監督に頼んでくれよ」とよく泣きつかれた。「そんなこと言えませんよ！」と言ったものの、担当スカウトとしても福留の守備が気にならないはずはなかった。

シーズン中のあるとき、試合前の星野さんに「福留、どうですか？」とそれとなく尋ねた。するとあんなに威勢の良かった星野さんはこうこぼした。

「俺が『ショートで使う！』と言ったから我慢して使っているけどなぁ、これは胃に穴が空くぞ……」

福留も「星野さんの期待に応えなければ！」とショートで結果を出すことにこだわった。だから1年目は2人とも意地でも「コンバート」とは口にしなかった。

だが2年目の途中からサードへコンバートされ、3年目には外野を守ることも多くなった。

2002年から山田久志さんが監督になると正式に外野にコンバートされ、そこから一気に打撃を開花させた。外野では阪神時代も含めて五度のゴールデングラブ賞を獲得するまでになり、球界を代表する選手となった。

逆指名の2位はNTT東海の岩瀬仁紀だった。岩瀬は愛知大時代から評価していた選手だった。巧みなバットコンロールとリーグ記録の安打数をマークした打撃の評価が高かったが、4年になってマウンドに上がるようになると、スピードはそんなに出ていなかったが良いボールを投げていた。投打どちらで評価すべきか判断に迷った選手だった。

あるとき、岩瀬の試合をバックネット裏で見ていると、NTT東海の監督さんがやってきてこう言った。

「責任をもって育てますので、岩瀬はうちに預けてください。2年あったら一流のピッチャーに育てます」

岩瀬は指名できても下位指名。それであれば、明確にピッチャーとして評価してくれている社会人野球に進んだほうが本人にとっても良いだろうと考え、この年の指名は見送った。

それから2年が経ったこの年、兵庫県高砂市、姫路市で社会人野球の高砂大会という、その年のドラフトを占う大会が開催されていた。球速も大学時代より上がっていた岩瀬はそこで好投を見せた。他球団スカウトにも「こんなピッチャーがいたのか!」と一気にマークされる存在になり、日本代表のメンバーに選ばれるまでになっていた。

都市対抗の予選が終わった頃、日本生命の福留とたまたまグラウンドで話をする機会があったのだが、そのときに日本代表合宿での岩瀬との対戦をこんなふうに振り返っていた。

「中田さん、岩瀬さんのボールは打てませんよ。あのスライダーは魔球です。わかっていても打てないです」

このときに2位は絶対に岩瀬でいこうと決めた。2年前とは違い、簡単に獲れないピッチャーになっていたが、本人は大学時代から中日に入りたがっていたこともあり、逆指名の2位で獲れる可能性はあると思った。担当スカウトだった近藤にも「2位は岩瀬でいくぞ」と発破をかけた。

岩瀬には2、3球団が1位での獲得も狙っていたようだった。だが、夏の甲子園が終わる頃には、近藤の頑張りもあり2位で逆指名という話をほぼまとめ終わっていた。

「何位でも中日に行きたい」という本人の意思も大きかったが、「大学時代に指名を見送って預けてくれたから」という会社側の意向もあったと思う。こうして、後に球史に名を残すクローザーを中日は獲得することができたのだ。

耳を疑った「松坂1位」指令

「逆指名」という制度のお陰もあり、福留、岩瀬という1位級の2人の選手を早々に抑えることができた。そのことを報告するために、私は意気揚々と試合前の星野さんのもとを尋ねた。

だが、星野さんの口から出た言葉に私は耳を疑った。

「横浜の松坂おるだろ、あれいけよ」

「え⁉」

福留にも岩瀬にもそれぞれ1位、2位でいくと話をして了承も得ているのに、この人は何を言い出すのだろう？

「いやいや、松坂は1位じゃないと獲れませんよ」

「じゃあ1位でいけよ」

「1位は福留ですよ」

「福留は2位に回したらえぇやないか」

「ちょっと待ってください。うちが1位であれば福留は100％来てくれますが、2位なら他の球団も狙ってきますよ。そうなったら獲れるかわかりませんよ」

「そんなもんやってみらなわからんやないか」

「ダメです！　1位は福留、2位は岩瀬です！」

「理想は1位松坂、2位福留だろ」

「監督、そんなことを言っていたら、福留も岩瀬も両方獲れなくなりますよ」

「まぁた、お前らは楽な仕事ばっかりしやがって！」

星野さんはいつもの調子でぼやいていた。

「松坂1位指名」はどこまで本気だったのだろうか？　今となってはわからないが、もしも本気だったらこの年の指名は大きく変わっていたかもしれない。

福留、岩瀬に次いで3位で指名したのは明治大の左腕、小笠原孝だった。担当スカウトの堀江さんが市立船橋高時代から追いかけていたピッチャーで、投げっぷりの良さと負けず嫌いな性格が魅力だった。2位の岩瀬に続く即戦力左腕の指名だったが、左は何人いても困らないので、指名に躊躇はなかった。

大学時代の岩瀬を「投打のどちらで評価するか判断に迷った」と書いたが、4位で指名した名城大の蔵本英智（登録名・英智）も投打の二刀流だった。だが、岩瀬と違っていたのはピッチャーとしては全く評価していなかったことだ。ボールは確かに速かったが、ただ速いだけ。だがその肩はすごかった。外野の守備もアクロバティックで、「ようあんな形で捕れるな」「ようあんな形で投げられるな」と何度も驚かされた。打つほうは「これはなんぼ頑張っても打てんだろうな……」というレベルだったが、それを補ってあまりある肩と足が魅力だった。

本拠地がナゴヤドームになって2年目だったこともあり、スカウト会議の席で星野さんから「人が捕れんようなボールが捕れる、強烈な肩をしている、そういう外野はおらんか?」という要望があったことも追い風となり、思いきって4位で指名した。

この年は福留と岩瀬、前年には川上と井端、その前年には森野、さらに前年には荒木と渡邉。この4年間に獲得した選手たちが、後に落合監督の下で鍛え、磨き上げられ、中日に黄金時代をもたらしてくれた。改めて振り返れば、神がかったドラフト指名の連続だった。

指名する勇気がなかった住友金属の金城

他球団の指名を振り返ってみると、後に2000安打を打つ駒澤大の新井貴浩を広島が6位指名している。新井はパンチ力もパワーもありボールを遠くに飛ばせたが、なかなかバットに当たらなかった。おまけに身体も硬い。「化けたら面白い選手」というタイプの典型で、中日では指名ボーダーライン上の評価だった。広島は、江藤智も金本もそうだったが、新井のような鍛えがいのある選手を鍛えるのが本当に上手い。

高知商業高の藤川球児も2年時に甲子園で良いボールを投げていた印象があった。だがそれよりも線が細いという印象が強かった。スカウト会議でもちろん名前は挙がっていたが、上位の2人が決まっていたため、獲得のチャンスはほぼないと思っていた。それでも阪神が1位でいったときはその高い評価に驚いた。だがその評価が正しかったことは藤川のプロ入り後の成績を見れば明らかだ。

西武3位のプリンスホテルの星野智樹は四日市工業高時代から評判の左腕だった。小笠原同様に投げっぷりが良く、外連味がない投球が魅力だった。だが指名するなら下位でと考えていた。もっといえば、プリンスホテルに進まれてしまった時点で、将来は西武に入るだろなと半ば諦めている部分もあった。

横浜が5位指名した住友金属の金城龍彦。彼のことは近大付高時代から買っていた。高校時代はピッチャーだったが、球速が出る割によく打たれるピッチングよりもバッティングに光るものがあった。おまけに脚も肩もある。プロで鍛えれば投打どちらかでモノになる可能性があると思っていた。進路を聞けば、系列の近畿大への進学ではなく住友金属に進むという。だから高校の監督さんに「金城、下位で指名してもいいですか？」と相談したこともあった。近畿大に決まっていればノーチャンスだが、社会人に進むならばチャンスはあると思い、強行指名をするかかなり迷った。だが、最終的には「いま無理をしてまで獲らなくてもよい」と考え、指名を見送った。

住友金属でも金城はピッチャーをやっていたが、社会人の4年間はパッとしていなかった。この年も金城のことは頭にはあったが私は指名を見送った。さすがに野手として指名するには勇気がいったからだ。そうしたら横浜が5位で指名した。「やっぱり宮本さんは評価しているんだなぁ」と思った。横浜には、宮本好宣さんというスカウトがいて、高校時代から金城のことを評価していた。おそらく宮本さんは高校時代に見た野手としての魅力に賭けて目をつぶって指名したのだと思う。

その金城はプロ入り後、知らない間にスイッチヒッターになっていて、2年目に首位打者を獲る活躍ぶり。野手としての才能を一気に開花させた。横浜もよく指名したと思うし、期待に応えた金城も見事だった。

1999年

裏目に出た星野監督の皮算用

岩隈を指名できなかった「特殊な」事情

11年ぶりのリーグ優勝を達成して迎えたドラフト。前年の松坂、上原、福留のような超目玉選手が不在と言われたこの年、中日のドラフト上位候補は二転三転した。当初は中日の地元、三菱自動車岡崎の剛速球右腕、山口和男の逆指名での獲得を目指していた。だが、早くから動いていたオリックスの逆指名が濃厚となり、早々に方向転換を余儀なくされた。

九州共立大のショート、的場寛壱も当初狙っていた選手の1人だった。出身は兵庫県尼崎市だったが高校は愛知の弥富高（現愛知黎明高）。その年の中日キャンプにも参加していたという縁もあった。線は細かったが守備もバッティングも良く、欲しい選手だった。だが、他球団と争奪戦になり、逆指名枠を使わないと獲れない選手になってしまった。欲しい選手ではあったものの、逆指名枠を使っての獲得にはちょっと疑問符がついた。結局、獲得競争から降りることとなり、的場は阪神が逆指名1位で獲得した。

結局、この年の1位指名は即戦力よりも将来性のある高校生中心でいくことになった。出遅れた感は否めないが、リーグ優勝するほど一軍の戦力は充実していたし、若手もこれから脂ののる選手も多かったから、悪くない方向転換だった。

高校生のなかでも、将来性のある左腕投手の獲得を優先する方針となり、國學院久我山高の大型左腕・河内貴哉（広島1位）を1位指名することになった。

この年、夏の甲子園で優勝した桐生第一高の正田樹（日本ハム1位）という左腕もいたが、正田は少し変則気味、テクニック系のピッチャーだった。それに対して、河内は骨太な体格で体も大きくストレートにも力があった。左ピッチャー独特のボールの角度もあり、ボールの質も良い本格派左腕だった。まだまだ上積みも期待できる素材の良さも魅力だった。

この年はチーム強化の戦略上、「指名選手は3人」に抑えなければならなかった。

ある日、私は星野さんと2人でタクシーに乗っているとこんなことを言われた。

「おい、今年は3人で（指名を）止めてくれるか」

真意がわからず理由を尋ねると、FAで狙っていた選手が1人獲れそうだったのが、2人獲れそうなのだという。そうなれば選手登録の枠を空けておかなければならず、ドラフトの指名人数にも制限が出てくる。それならば、自由契約にする選手を増やして枠を空けるという方法もあるが、せっかく11年ぶりにリーグ優勝をした年にそんなことはしたくなかったのだろう。こういったところが星野さんの情、優しさでもあるのだが。

星野さんの言っていることは理解できた。真っ先に頭に浮かんだのは関東地区担当の堀江さんが強く推していた堀越高の岩隈久志のことだった。

「堀越にええピッチャーがおる」と堀江さんに言われ、2人で試合を見に行ったことがあった。岩隈は長身で手足が長くフォームは柔らかい。バランスも良く大化けが期待できるダイヤの原石に見えた。

この頃は1位では國學院久我山高の河内、2位では東福岡高の三拍子揃ったショート、田中賢介、3位ではトヨタの大型左腕、山北茂利を指名する方針までは決まっていたため、岩隈はちょうど4位か5位あたりでの指名を考えていたところだった。

星野さんの話を聞いて、堀江さんには申し訳ないが岩隈の指名は難しそうだなと思った。迎えたドラフト当日、1位の河内も2位の田中も抽選で外した。外れ1位では朝倉健太（東邦高）、2位で福沢卓宏（滝川二高）を指名した。そして3位で山北を予定通りに指名した。

3位指名が終わったところで、改めて星野さんに確認をした。

「どうします？　本当にここで止めるんですか？　もう1人欲しい選手がいてるんですけど」

「いや、もう勘弁してくれ」

こうして、中日の指名は予定通り3位で「選択終了」となった。岩隈はその後、近鉄が5位で指名した。

ドラフト会議終了後、星野さんからは「3位で終わらせて悪かったな。4位で欲しかったのは岩隈とか言うたなぁ。そんなにえぇんか？」と言われた。「いやぁいいですよ。体力的にひ弱なところもありますし、時間がかかると思いますから」などと私も強がった。

そんな岩隈は2年目に完封勝利を含む4勝を挙げると、4年目からは2年連続15勝を挙げるなど、あれよあれよと近鉄のエースに成長。日米通算170勝を挙げる大投手になった。

そんな岩隈の活躍ぶりを見て、中日のユニフォームを脱いでいた星野さんから「あのときホンマ岩隈獲っておけば……あれは大失敗やったな。俺のせいや」と頭を下げられた。

朝倉外れ1位の紆余曲折

結果的に外れ1位で指名した東邦高の朝倉だが、指名の経緯には紆余曲折があった。朝倉は馬力があってボールのスピードもある良いピッチャーだった。甲子園にも出場しており、地元の逸材であることに間違いはなかった。だが前述の通り、この年は将来性のある高校生左腕の獲得を優先させる方針になっていたし、ドラフト前には西武が朝倉を1位で指名するとも噂されていた。残念だが朝倉とは縁がなさそうだった。

そんな経緯もあって、ドラフト前にはこの地元の逸材を1位指名できないことを坂口慶三監督（現大垣日大監督）のもとに謝りに行った。地元の強豪校とはその後も付き合いは続くのだから、そういったこともスカウトの大事な役目なのだ。

「今年は左ピッチャーの獲得を優先で考えていますので、いの一番で左の高校生ピッチャーを指名します。朝倉君はある球団が1位でいくと言っているようですので、外れ1位でも残っていないと思います。ですので今回は縁がないと思います」

そんな説明をすると、坂口監督には「そんなんやったらもう中日に選手はやらん！」みたいなことを言われて怒られた。こちらとしても苦渋の決断ではあったのだが、異例の「指名しない宣言」となってしまったのだから、無理もない。

そうしてドラフトが近づいてきたある日。他球団のとあるスカウトにこんなことを言われた。

「東邦の朝倉、お前のところが責任もって指名してやれよ。このままだとどこも指名しないで残るぞ」

私には言っている意味がわからなかった。

「西武が1位でいくと言っているじゃないですか」

「あれは他の選手を指名するためのカムフラージュに決まってるやないか」

「でも2位か3位だったらどこかが指名するでしょ？」

「いや、1位以外だと指名できないようになってるみたいやぞ」

「本当ですか⁉」

半信半疑だったが、当日、西武は朝倉を指名せずに九州学院高の大型内野手、高山久を指名した。朝倉はどこも1位指名してこなかった。

我々も元々その能力は評価していたし、まさか残っていると思わなかったので、外れ1位は朝倉ですぐに決まった。

だが、指名後に坂口監督のもとへ挨拶にいくと「お前のところは指名せんと言うたやないか！」とやはり怒られた。指名しないと言っておいて指名したのだから、怒られるのも無理はない。

朝倉が外れ1位で残った理由については、私の勝手な推測になるが、「1位じゃないとプロへはいかさない」という順位縛りのようなものが付けられていたのかもしれない。それならば私に忠告をくれた方の話ともつじつまが合う。

いずれにしても朝倉が外れ1位で残っていたのは中日にとって幸運だったという他ない。朝倉は、星野さんのあとを継いだ山田監督の下で花開き、通算四度の二桁勝利を記録するなど、球団に大きな貢献をしてくれるピッチャーになってくれた。

ことごとく読み違えたドラフト戦略

2位で指名した東福岡高の田中賢介を外したのも悔しかった。「中日以外は行きません」と言ってもらえるほどの関係を築けていたのだが、冷静になって考えればあれほどの選手なのだから競合になるのも当然だった。日本ハムが来ることは想定内だったが西武までも指名してきたのは想定外だった。田中は日本ハムが交渉権を引き当て、中日は1位の河内に続いて2位でも意中の選手を外してしまった。

この年、埼玉の聖望学園高には、後に阪神に入団する鳥谷敬がいた。何度か見に行ったが良い選手だった。岡田さんとも関係の強い学校だったため、本人がプロ入りを希望すれば獲得チャンスはあったかもしれなかったが、早稲田大へ進学するということで指名はできなかった。だが、評価は田中のほうが上だった。田中は守備もバッティングも自分の形を持っていて、バットも綺麗に内側から出ていた。甲子園でも1人だけバッティングの次元が違っていた。それくらい良い選手だった。

田中を外した外れ2位には、延岡学園高の右腕、宮本大輔を指名した。だが同じく1位で河内を外していた近鉄が外れ1位で「先に」宮本を指名した。そのため、中日は2位指名の再提出を求められ、滝川二高の右腕、福沢を2位で指名することになった。

朝倉の指名予測、田中の重複球団数、外れ2位指名の人選。ことごとく読み違えたドラフトだった。もちろん星野さんは憮然としていたのは言うまでもない。反省の多いドラフトだった。だが、逆指名枠があるなかで、1位と2位を同時に指名させるというのは、今考えてもわかりにくいドラフト制度だった。

ちなみに、前に述べたFA獲得を目指して〝脈あり〟だと思っていた選手は、ダイエーの工藤公康と広島の江藤だった。だが2人とも宿敵巨人軍に奪われる形となった。

この年のオフは、思うような即戦力の獲得はできなかったと思われたが、その後に近鉄の左腕・小池秀郎と佐野重樹、善村一仁の3選手（門倉、古池拓一、東瀬耕太郎との交換）をトレードで獲得した。「ドラフトでは将来性のある高校生、即戦力はFA、トレードで獲得する」という、星野さんらしいやり方は健在だった。

2000年

またもダイエーに敗れた目玉選手の争奪戦

振り回された立命館大・山田の争奪戦

この年のドラフトの超目玉、立命館大の即戦力右腕、山田秋親の逆指名は争奪戦だった。当初は6、7球団が逆指名の獲得を争っていたが、最終的にはダイエーと中日の一騎打ちの形になった。

山田はアウトコースの制球力、ボールの重さ、馬力など、持っているモノが違う、素晴らしいピッチャーだった。そんな山田の獲得に強くこだわったのは星野さんだったが、当初からダイエー入りが固いと噂されていた。

「山田はダイエーで決まっているんだろ？　それならうちは監督に諦めるように言うから、決まっているなら早う言ってくれ」

前にも書いたが、立命館大の監督とは仲が良かったため、春先の時点ではそんなことをフランクに話していた。

その後も色んな関係者の話や情報から、山田のダイエー入りは疑いようがなかったのだが、それでも監督からは「ダイエーに決まっているわけではない」と繰り返された。星野さんはそういった報告を聞くたびに「絶対に最後まで諦めるな！　最後に（ダイエー優位から）ひっくり返せるぞ！」と鼻息を荒くした。こうなればスカウトとしても腹をくくるしかない。

「うちの監督は最後までいく言うてるから、最後の最後までいくで！」

監督にもそう伝えた。

だがダイエー優位の形勢をひっくり返せないまま時間だけが過ぎていった。

ドラフトも間近に迫った10月下旬、このタイミングで「他の球団の話も聞きたい」と、山田サイドがダイエー逆指名を事実上白紙に戻すという出来事が起こった。ダイエーの経営不安と「2位指名」という評価に対する不信感が原因ではないかと噂になった。ダイエーは九州共立大のピッチャー、山村路直の逆指名1位がほぼ決まっていて、ドラフトの目玉である山田を2位で獲得しようとしていた。

土壇場で形勢逆転したかに思えた。だがそれも束の間、白紙撤回の翌週には山田は2位評価を受け入れてダイエーを逆指名した。良いように振り回されただけだった。

言いたいことはたくさんあるが、結果的に4年前の井口のときと同じく、最後の最後にまたもダイエーに敗れた。

山田はプロでは通算16勝という成績に終わった。あれほどのピッチャーがなぜダメになったのか、こっちが理由を教えて欲しいくらいだ。それほど大学時代の山田はすごいピッチャーだったのだが。

魅了された、春日部共栄・中里のストレート

私は山田争奪戦の途中から、ダイエーで逆指名は固いと半ば白旗を揚げていた。「ダイエーに行くなら行くで早く決めて欲しい」とさえ思っていた。なぜなら、私は「これだ！」を思った高校生を見つけたからだ。春日部共栄高の中里篤史だ。

大学の後輩にあたる春日部共栄高の監督から「中田さん、久々に良いピッチャーがいますよ」と早くから連絡をもらっていたが、そのときは「今は大学生のピッチャーを逆指名で獲りにいっているから、縁があったら頼むわ」という話で終わっていた。

夏前になると、担当スカウトの堀江さんと近藤からも「春日部共栄に良いピッチャーがいます」という報告も受けたので、夏の埼玉大会を見に行くことにした。

中里はスピンの効いた糸を引くようなストレートを投げていた。それも低めからぶわっと伸び上がってくるような強烈なボールだった。ピッチャーとしても理想的な体型をしていたし投げ方も良い。おまけにバッティングも良い。余談になるが、プロ入り後に打撃練習でポンポンとボールをスタンドに運んでいるのを見て、そのバッティングセンスの良さに改めて驚いたほどだった。

中里を何度か見ているうちに、「山田よりも中里のほうが欲しい」と本気で思うようになった。だから決勝で浦和学院高に負けたときは、中里には悪いが正直安心した。甲子園に出ていれば中里は間違いなくドラフト1位で競合になっていたはずだからだ。

星野さんは「最後まで山田を諦めるな」とスカウトを鼓舞し続けていたが、同時に「ダメだったときは高校生で活きの良い選手でいくぞ」と言っていた。だから「山田がダメだった場合は春日部共栄の中里でいきます」と話して了承もとっていた。山田サイドから断られれば「中日1位は中里！」とすぐにでもバルーンを上げる予定だった。

正式に山田に断られたとき、負け惜しみでも慰めでもなく、「山田よりも中里のほうが良いと思いますよ」と星野さんに話した。そのときは「まぁたお前、ほんまかいな」と信じてないようだったが、翌春のキャンプでその投球を見るなり「おい、本当にこっちのほうがいいな。

これはすごいな」と中里の投げるボールに驚き、目を細めていた。

中里は1年目の終盤には一軍で投げた。改めてそのボールに惚れ惚れした。「これは来年、期待できる」と思っていただけに、翌春のキャンプで右肩を脱臼したニュースを聞いたときは本当にショックだった。

「慌てるなよ、治療に専念しろよ」とは言いながらも、「遊びのつもりでいいからバッティングの練習もしておけよ」と話した。ピッチャーとしての再起がダメだったとき、中里ならバッターとしてもプロでやっていけると思ったからだ。だが中里は「絶対に嫌です！　ピッチャーとしてダメだったら野球を辞めます！」と決してバッティング練習はしようとしなかった。

一時は復活して日本シリーズでも登板を果たした。だがスピードは戻ったものの、かつての伸び上がってくるようなボールは影を潜めていた。

怪我さえなければ、どんなピッチャーになっていただろうか。一瞬の輝きだったが、あのボールは今なお多くの中日ファンの目に焼き付いていることだろう。

1年時から狙っていた「九州のイチロー」

この年、東北福祉大には吉見祐治（横浜2位）と洗平竜也という2人の左腕がいた。吉見は星林高（和歌山）時代から見ていたピッチャーだった。高校時代は球速がない変化球ピッチャーだったが、大学になってまとまりのあるピッチャーに成長した。ドラフトの評価は洗平よりも断然上だった。だが、荒削りではあったものの球速があり、独特のカーブで三振が量産できる洗平に魅力を感じ、逆指名の2位は洗平でいこうとなった。そんな洗平だったが、1年目のキャンプのブルペンからストライクが入らないイップスになってしまった。結局、一軍に上がることなく3年で引退となった。

2位で洗平、3位で井本直樹（新日鉄名古屋）、4位で岡本真也（ヤマハ）と大学、社会人の即戦力ピッチャーを立て続けに3人指名したが、このなかで活躍したのは社会人チームを転々としてヤマハが4チーム目だった岡本だ。もともと良いボールを投げていたし、このとき26歳でおそらくプロ入りはラストチャンス。岡本に勝負させてやろうと4位での指名となった。岡本は見事に期待に応え、落合監督時代に中継ぎ、セットアッパーとして日本シリーズでも投げ、二桁勝利も記録するなど活躍をしてくれた。

5位の土谷鉄平（登録名・鉄平）はかなり早い段階で獲得を決めていた選手だった。高校時代はショートだったが「九州のイチロー」と称されるほど、天才的なバッティングが魅力だった。津久見高の監督が私の大学時代の同級生だったこともあり、1年の頃から「2年後にウチが獲るからな」と釘を刺しておいたくらい、早くからマークした。

鉄平は中日ではなかなか出番を得ることができなかったが、楽天に移籍すると天才的なバッティングセンスが開花し、移籍1年目に3割を打つと、その後は首位打者も獲得するなど、楽天初期の中心選手として活躍した。

この年、大分にもう1人、天才的なバッティングセンスを持つ高校生がいた。大分工業高の内川聖一だ。横浜と広島が1位で狙っているという情報があったことや、同じショートの鉄平を下位で獲ることを決めていたことなどから、中日の獲得候補には挙がってこなかったが、内川も良いバッターだった。内川は当初、法政大への進学を希望していたため、どこの球団も手を出せなかった。だが、横浜の担当スカウトの岩井隆之さんが法政大OBであり、内川のお父さんはその野球部の後輩。そのような関係から、横浜が内川を指名できたのだと私は見ている。ちなみに岩井さんは津久見高のOBでもある。岩井さんが内川の獲得に熱心だったからこそ、中日は鉄平を獲得できたとも言える。

7位で指名したのが敦賀気比高の内野手、仲澤忠厚。パワーもスピードもあり三拍子揃っていた仲澤は、本来こんな順位で獲れる選手ではなかった。だが事情があってどこにも行くところがないということでこの順位で指名した。かなりの「ヤンチャ」だと言われていたが、プロ入り後はそんなことは感じさせなかった。中日では出番に恵まれなかったが、移籍したソフトバンクでは出場機会を得て活躍を見せた。

この年、ピッチャーの目玉が山田なら、打者の目玉は中央大の阿部慎之助だった。だが早くから巨人逆指名で固かったため、他球団は手を出せなかった。

実は阿部は安田学園高時代に獲りたかった選手だった。夏前頃だっただろうか、担当の堀江さんが阿部のバッティングを高く評価しており、私も練習を一緒に見に行った。キャッチャーとしての能力は測りかねたが、確かにバッティングが圧倒的に良かった。監督は私の大学時代の後輩でもあったので「阿部はうちが指名するぞ」とその場で伝えたほどだった。

だが9月になってから、「阿部は中央大学に行きます」と後輩から断りの連絡が入った。聞けば、阿部のお父さんが中央大野球部ＯＢで本人も進学を望んでいるという。残念だと思ったが仕方がなかった。

今にして思えばだが、巨人のスカウト部長は中央大ＯＢの末次利光さん。中央大に進ませて4年後に巨人が獲るという計画があったのかもしれない。

ちなみに本人がプロ志望であれば、森野の次の3位で指名したいと思っていた。

2001年

星野さんの電撃退任と「右の大砲」

“おかわりくん”の指名見送り

星野さんの第二次政権最後の年。ドラフト会議には星野さんの後を継いだ山田さんが出席したが、シーズン中は星野さんとドラフトの相談をしていたので、この年も星野さんのドラフトとして振り返ることにする。

春先から星野さんとはこんなことを話していた。

「なんぼピッチャーだ、ドームだと言っても、大きいのを打てる選手がいなくなったよなぁ。今年あたりでホームランを打てるバッターを1人獲らないといけないな。誰かおるか？」

うってつけの選手が直ぐに頭に浮かんだ。

「面白い選手がいますよ。ちょっとポッチャリしてますけど遠くに飛ばすことに関しては、この選手が一番良いと思います」

その選手の名前は大阪桐蔭高の中村剛也。後に西武でホームラン王を六度獲得する〝おかわりくん〟だ。星野さんに映像を見せると「ずんぐりしとるけどええやないか」と気に入った。

「どうなんじゃ（獲れそうなのか）？」

「1巡目だったら確実に獲れると思います」

「じゃあ中村を第一に考えておけ」

こうして、この年のドラフトは、中村の獲得を第一に動くことになった。

この年のチームは、投手陣の頑張りで序盤はAクラスに踏みとどまっていたものの、夏場以降に負けが込み、最終的には優勝したヤクルトとは15ゲーム差の5位。4年ぶりのBクラスに終わっていた。チーム防御率3・48はリーグ2位でまずまずの数字を残していたものの、打撃面では3割バッターがおらず、チーム打率はリーグ5位の.253。チーム最多の25本塁打を放った山﨑もベテランと呼ばれる年齢になっていた。星野さんが春先に言っていた「今年あたりでホームランを打てるバッターを1人獲らないといけないな」は急を要する形になっていた。

シーズンが終盤にさしかかった頃、「予定通り1巡目は中村でいきます」と星野さんに最終確認を取りに行くと、そこで思いがけずストップをかけられた。星野さんは右手で首元を切る仕草をしてこう言った。

「いや、ちょっと待て。俺はコレや」

星野さんはこの年限りで監督を退き、後任は当時ヘッドコーチ兼投手コーチを務めていた山田さんだという。

「悪いけど、山田と相談してくれ」

やむを得ず、私は後日、山田さんのもとを尋ねた。

山田さんには、これまでの星野さんとのやりとり、経緯などを伝え「中村を1巡目でいこうと思っています」と説明した。山田さんは私の話を聞き終わるとこう言った。

「中村？　誰それ？」

大阪桐蔭高はまだ全盛期前夜。甲子園にも出ていない中村のことを山田さんが知らないのも無理はない。山田さんは続けてこう言った。

「寺原（隼人／日南学園高）でいってよ」

寺原は夏の甲子園で剛速球をズバズバ投げ込んでいた注目の高校生ピッチャーだった。だが、中日スカウト陣の評価はそこまで高くはなかった。

「ボールは確かに速いですけどちょっと棒球気味ですし、時間もかかるタイプですよ」

私がそう話すと、「いやそんなことはない。俺が甲子園で見た中では一番魅力を感じる」と山田さんも譲らない。

私はそれでも中村の魅力や中日打撃陣の現状、将来のことなどを話して中村を推した。

「どこ守れるの？」と聞く山田さんに、「いまはファーストしか守っていないですけど、我慢して使えばサードもできるようになると思います」と話すと、山田さんはこう言った。

「そんな我慢して使わないといけない高校生を獲ってきても、俺はよう使わんよ」

山田さんは続けた。

「高校生の野手を獲るならキャッチャーを獲ってよ。キャッチャーはなんぼいてもいいから」

ドラフトでは結局、山田さんの希望を受け入れる形で1巡目指名は寺原になったが、4球団競合の末に交渉権はダイエーが獲得した。

さて外れの1巡目指名だ。中村はどこからも指名されずに残っていたのだから、ここで獲ろうと思えば獲れた。だが、私の耳には「獲ってきても、俺はよう使わんよ」という言葉がずっと残っていた。中村は中日に指名されて幸せな野球人生を送れるだろうか？　そう考えると外れ1位で中村を推せなかった。

こういったいきさつもあり、外れ1位は「高校生の野手を獲るならキャッチャーを獲ってよ」という、これも山田さんの希望を受け入れる形で、中京大中京高のキャッチャー、前田章宏を指名した。

当時の正捕手中村も34歳。自慢の盗塁阻止率も落ちていたから、キャッチャーの強化も課題ではあった。だから山田さんは高校生の大砲候補よりもキャッチャーを欲しがったのだろうと思う。だがキャッチャーは3巡目で九州共立大の田上を逆指名に近い形で抑えていた。だからこの年は上位指名2人がキャッチャーになるという歪な指名になった。

ちなみに、この年の年末にはメジャー移籍が実現しなかった谷繁も入団しているが、もちろんこのときはそんなことは知るはずもない。それがわかっていれば、さすがに上位2人をキャッチャーでいかなかったと思う。

中村は結局、西武に2巡目で指名された。その後の活躍は振り返るまでもない。

「獲ってきても、俺はよう使わんよ」という山田さんの言葉が私のなかでずっと引っかかり続けていた。だが、今となっては自分の言い方も悪かったと反省している。

「寺原の1位はわかりました。でも寺原を外したときは中村でいかせてください」

そんな言い方をしていれば、もっと山田さんの顔も立てていれば、また違った結果になっていたかもしれない。私が意地を張り、山田さんとの意思疎通を図る努力を怠ったのだ。

余談だが、落合さんの監督時代に「生え抜きの右の四番打者」の話になったことがあった。

そのときに、「監督、すみません。私がつまらない意地を張ったばかり右の四番になれた選手を獲り逃がしたことがあったんです」と、このときのことを話した。すると落合さんは言った。

「知ってるよ。中村だろ？」

落合さんはそれ以上余計なことは何も言わず、「まぁ、色々あるわな」とだけ言った。

翌年の逆指名クラス2人を下位で獲得

この年は上位2人がキャッチャーという歪な指名になったことはすでに書いた。そんな指名ができたのには理由があった。それは即戦力ピッチャーとして評判だった河合楽器の久本祐一、山井大介を下位でダブル獲得できる目処があったからだ。

この年、河合楽器は都市対抗で優勝しながらも休部になることが決まっていた。2人ともまだ社会人1年目だったが、休部になった特例により1年前倒しでドラフト指名が可能になっていた。河合楽器は静岡県のチーム。中日が地の利を生かして休部になる情報をいち早くキャッチし、動いたことで他球団に先駆けて2人を抑えることができたのだ。

久本は柏原高（大阪）時代から見ていたピッチャーで、そんなに上背はないが良いボールを投げるという印象だった。亜細亜大時代は制球に難があり、ほとんど投げていなかったが、河合楽器に行ってからものすごく伸びた。

山井のことも神戸弘陵高時代、西武にドラフト1位指名される玉野宏昌を見に行ったついでによく見ていた。良いボールを投げており、奈良産大に進むことが決まっていなければ指名したいくらいのピッチャーだった。大学時代も良いボールを投げていたのだが、5回までパーフェクトピッチングをしていたかと思うと、四球、四球、ホームランであっという間に3失点するなどポカが多かった。河合楽器に入ってからも、その傾向が少し残っていたが、良いボールは投げるし、スライダーのキレにも磨きがかかっていた。

久本が上の順位になったのは他球団の指名との兼ね合いと安定感の差だった。

こちらから「お断り」するつもりだった髙橋聡文

高岡第一高時代の髙橋聡文は、故障でずっと投げていないピッチャーだった。監督は日体大の先輩だったが、「夏はぶっつけ本番で投げさそうと思っている」と言う。大丈夫なのかなと思ったが、あれよあれよと富山大会の決勝まで勝ち進んだ。

担当スカウトの水谷さんが、県大会3試合ほどを見て髙橋を気に入り「どうしても欲しい!」と言う。私は8月の終わり頃に練習を見させてもらうことにした。

その日が決勝で負けて以来、1カ月ぶりのピッチングだったが確かに良いボールを投げていた。体は大きくないがセンスは良い。私は監督にリクエストしてバッティング練習もさせてもらった。髙橋はバッティングでも評価が高かったのだ。

「無茶言うなよ。1カ月もバット握ってないやつにバッティングさせてなんになるんだ」と怒られたが、それでも打ってもらった。

実はこの日、私は髙橋の指名をお断りするつもりで学校に行っていた。十分に練習をしていない選手は怪我が怖くて獲れないからだ。高校生の場合は、将来性云々よりもまずプロの厳しい練習に耐えられるかどうかを見る。故障が多い、ほとんど投げていない。そんな選手は2、3年体作りをしても怪我をする。そう考えていたからだ。

髙橋は良いボールを投げていたから、無理矢理バッティングをさせて「この程度では指名は難しい」と体よく断ろうと思ったのだ。だが、髙橋は1カ月ぶりとなるバッティング練習の初球をスタンドに放り込んだ。これで断る理由がなくなってしまった（笑）。

私は髙橋が投げる試合を1試合も見ていないまま、目をつぶって下位指名した。

そうして入団した髙橋は、1年目の自主トレで早くも足を怪我した。理由を聞けば「雪道でランニングしていてコケました」という。「1年目は走ることくらいしか練習できないのに足を怪我してどないすんねん」と説教した。そこから3カ月くらいは何も練習ができなかった。ようやくランニングができるようになり、9月頃にピッチングができるようになると、それを見たコーチが「これは良いですよ!」とボールを見て驚いていた。

翌年も怪我が多くほとんど投げられなかったが、監督に就任したばかりの落合さんが秋季練習で髙橋の投球を見て「こいつ、いいぞ」となった。

一軍登板ゼロだった髙橋は翌シーズンから一軍に抜擢され、24試合に投げてリーグ優勝に貢献。日本シリーズでも投げた。最終的にFAで阪神に移籍するまでの選手になった。

久本、山井、髙橋は色んな事情が絡んだ指名だったが、この3人が下位で獲れたのは大きかった。

第二次・星野仙一監督時代に指名した選手

1995年			
1位	荒木雅博	内野手	熊本工高
2位	門倉健	投手	東北福祉大
3位	藤井優志	捕手	大阪学院大
4位	渡辺博幸	内野手	三菱自動車川崎
5位	大塔正明	投手	近畿大
6位	益田大介	外野手	龍谷大
7位	日笠雅人	投手	新日鉄君津

※高木監督が途中休養のため95年ドラフトは星野監督時代として扱っています

1996年			
1位	小山伸一郎	投手	明野高
2位	森野将彦	内野手	東海大相模高
3位	幕田賢治	外野手	横浜高
4位	中野栄一	捕手	亜細亜大
5位	山田貴志	投手	東北福祉大
6位	佐藤康幸	投手	河合楽器
7位	筒井壮	内野手	明治大
8位	宮越徹	投手	奈良・郡山高

1997年			
1位	川上憲伸	投手	明治大
2位	森剛章	外野手	藤陰高
3位	正津秀志	投手	NTT北陸
4位	鈴木郁洋	捕手	東北福祉大
5位	井端弘和	内野手	亜細亜大
6位	高橋光信	内野手	国際武道大
7位	白坂勝史	投手	関東学院大
8位	清水清人	捕手	邇摩高

1998年			
1位	福留孝介	内野手	日本生命
2位	岩瀬仁紀	投手	ＮＴＴ東海
3位	小笠原孝	投手	明治大
4位	蔵本英智	外野手	名城大
5位	川添将大	投手	享栄高
6位	矢口哲朗	投手	大宮東高
7位	新井峰秀	外野手	高麗大中退

1999年			
1位	朝倉健太	投手	東邦高
2位	福沢卓宏	投手	滝川二高
3位	山北茂利	投手	トヨタ自動車

2000年			
1位	中里篤史	投手	春日部共栄高
2位	洗平竜也	投手	東北福祉大
3位	井本直樹	投手	新日鉄名古屋
4位	岡本真也	投手	ヤマハ
5位	土谷鉄平	内野手	津久見高
6位	山崎賢太	投手	島根商科専門
7位	仲澤忠厚	内野手	敦賀気比高
8位	辻田摂	内野手	東洋大中退

2001年			
1巡	前田章宏	捕手	中京大中京高
3巡	田上秀則	捕手	九州共立大
4巡	久本祐一	投手	河合楽器
5巡	前田新悟	内野手	明治大
6巡	山井大介	投手	河合楽器
7巡	都築克幸	内野手	日大三高
8巡	髙橋聡文	投手	高岡第一高

※シーズン中にドラフトに深く関わっていた星野監督時代のドラフトとして扱っています

山田久志監督時代に指名した選手

2002年			
1巡	森岡良介	内野手	明徳義塾高
3巡	櫻井好実	外野手	砺波工高
4巡	植大輔	投手	龍谷大
5巡	長峰昌司	投手	水戸商高
6巡	小林正人	投手	東海大
7巡	瀬間仲ノルベルト	内野手	日章学園高
8巡	湊川誠隆	内野手	慶応大

「立浪二世」と期待した明徳義塾・森岡

前年の大阪桐蔭高・中村の1位指名を巡る一件以来、私と山田さんの関係は良好とは言い難い状態になっていた。あるときは球場で選手を視察中に山田さんから電話がかかってきて、電話口で口論になったこともあった。そんな関係だったから、この年のスカウト戦略についても山田さんと直接話すことはほとんどなく、編成担当だった井出俊さん（現東大野球部監督）を通じて「早稲田大の和田ってどうなの?」というふうに会話をしているような状態だった。

この年は、いわゆる「松坂世代」が大学4年になった年で、即戦力投手が豊富に揃っていた年だった。まず狙ったのが大学ナンバー1の呼び声が高かった早稲田大の左腕、和田毅だった。和田のお父さんが私の大学時代の先輩で、和田自身も生まれは愛知県。縁もありチャンスだと思ったが、挨拶に行ったときは意中の球団は決まっていると言われた。「巨人ですか?」と聞くと「巨人ではない」とだけ教えてくれた。「来るのが遅いよ。もっと早く来てくれていれば」というような会話をしたことを覚えている。後になって思ったことだが、和田の母校・浜田高のOB会長で有力者だった方が王貞治監督と関係が深い方だった。それでダイエーの自由獲得枠になったのだろうと思う。

次に狙ったのは亜細亜大の大型右腕、永川勝浩。だが獲得競争をリードしていた広島の優位を覆せずにこちらもダメ。他の即戦力投手が次々と他球団に決まっていくなかで、最後は神奈川大の加藤大輔の獲得を目指した。こちらもすでにオリックス優位とされていたが、加藤の母校である九州国際大付高時代の監督がやはり私の大学時代の先輩であり、そのルートから調査し、獲得を目指した。だがオリックス優位は覆せなかった。

日本大の館山昌平（ヤクルト3位）も日大藤沢高時代から評価していたが、プロで何度も肘にメスを入れていたように、やはり故障が気になり逆指名を使ってまで獲ろうとはならなかった。

野手では同じ日本大に村田修一（横浜自由枠）がいた。東福岡高時代から打撃に定評があり評価も高かった。だが、この年は即戦力投手の獲得が最優先で、野手を獲るのであれば高校生という方針であったため、獲得競争には加わらなかった。

和田、永川、加藤と、即戦力投手の獲得競争が後手後手に回ってしまった感は否めなかった。だが狙いを高校生に切り替えた。

1位の明徳義塾高の森岡良介は2年時からマークしており、この年の夏の甲子園で優勝したチームのショートでキャプテン、3番を打っていた選手。経歴もプレースタイルも立浪を彷彿とさせ、将来は立浪クラスの選手になると考えて指名した。

理想を言えば、逆指名で即戦力投手を一人獲って、森岡は2巡目で指名したいところだった。このとき、同じ高校生のショートでは大阪桐蔭高の西岡剛（ロッテ1位）、報徳学園高に尾崎匡哉（日本ハム1位）もいたが、やはり一番評価したのは森岡だった。二遊間には井端と荒木もいたが、もちろん彼等と競わせるつもりもあった。だが、とにかく森岡が良い選手だったから指名した。

ちなみにこの年は金光大阪高に吉見一起がいた。吉見のことは後に述べるとする。

第三章
落合監督時代のドラフト

2003-2010年

2003年

青天の霹靂だった落合さんの監督就任

「玄人好みするような良い選手がいっぱいいる」

2003年はシーズン途中で山田監督が解任されたが最終的に2位でシーズンを終えていた。オフになると新監督に1993年まで中日に在籍されていた落合さんが監督に就任された。ここから落合さん時代のドラフトを振り返ってみたいと思うが、この年のドラフトに関しては、監督就任後時間がなかったこともあり、ほとんど関与していないため、簡単に振り返ることにする。

落合さんが監督になられてすぐ、私はこんなふうに声をかけられた。

「本当に良い選手が揃っているな。スカウトは良い選手を獲ってくれているよ」

思いがけず褒められた。少し謙遜して「そんなに良い選手がいますか?」と聞くと、

「いるよ。玄人好みするような良い選手がいっぱいいる」

そんなことを言っていただいた。これまで監督にそんなことを言われたことはない。1人のスカウトとして、やはり嬉しかった。

だが「みっちり練習して10パーセント底上げできたら優勝する自信あるぞ」と言っていたことには、内心「本当かな?」と疑ったものだった。

落合さんは自分の希望を押しつけるというよりも、むしろ「なんでも協力するからいつでも言ってよ」というように、非常に協力的な姿勢でドラフトに臨まれていた。落合さんからの要望らしい要望といえば「右で四番が打てるバッターがいれば必ず獲ってほしい」ということぐらいだった。

その要望に添う選手がこの年のドラフトでも1人いた。東北福祉大の外野手、中村公治だ。「ちょっと荒っぽいですけどパンチ力があって面白いと思いますよ」とビデオを見せると、「これ面白いね」と落合さんも興味を示してくれた。中村は5巡目で指名することができた。こういうタイプがいるときは必ず獲ろうということは、その後も私の頭に常にあった。

この年の1位は、遊学館高の左腕・小嶋達也(2006年阪神希望枠)で当初は考えていた。大阪の実家まで行って挨拶もしていた。だがある日突然、大阪ガスに進むことになりプロ入り拒否となった。代わりに1巡目は中京高の三拍子揃ったスラッガー、中川裕貴でいくことにした。

中川はいやらしいプレーができる、玄人好みする選手だった。ちょうど、荒木、井端の「アライバ」が二遊間で本格的にレギュラーになった頃だったが、ショートを守れる選手は何人いても困らないし、野手を獲るなら足もあった中川のようなナゴヤドーム向きの選手が欲しかったという事情もあった。だが、中川は入団直後から怪我ばかりでまともに野球ができたシーズンはほとんどなかった。万全であればアライバの2人を脅かす存在になれる素材だっただけに、怪我の多さが悔やまれる選手だった。

前年の1位は明徳義塾高の森岡で、結果的に2年連続で高校生ショートを指名することになったが、「狙った選手が獲れなかったときは活きの良い高校生に切り替える」というのが星野さん時代からの鉄則だったから、そこに迷いはなかった。

3巡目の八戸大（現八戸学院大）・石川賢と4巡目の日本生命・佐藤充は2人とも自由枠クラスのピッチャーだったが、自由枠に匹敵する条件を提示することで、この順位で獲得することができた。特に佐藤は日体大時代から注目されていた社会人3年目の大型右腕で、この年に一気に良くなり評価を上げていた。そんなピッチャーがこの順位で獲れる計算があったからこそ、1巡目を思い切って高校生狙いでいくことができたのだ。

8巡目、日本通運のキャッチャー小川将俊。この選手を下位で獲ろうと思っていると落合さんに相談すると「日通の選手なら良いよ」と二つ返事だった。落合さんは日本通運の選手を好む傾向があった。

落合さんが東芝府中時代、補強選手として何度か日本通運でプレーをしたことがあったらしい。元マネージャーの方（渡辺さん）とはスカウトの現場でよく顔を合わせたが「久しぶりだね。オチは元気？」「オチはウチに補強で来てくれて当時からすごかったよ」などといろいろな話を聞かせていただいた。

「この前、日通の元マネージャーの渡辺さんに会いましたよ。監督にくれぐれもよろしくと言っていました」

そんなことを伝えると、

「おー、元気だったか？　日通には補強で行っていろいろとよくしてもらった」

と懐かしそうに話してくれたことがあった。

落合さんは、あぁ見えて義理堅い人。恩返しのつもりで、「良い選手がいれば獲ってあげたい」「どちらか迷うような場合は日通の選手を獲ってあげたい」、そんな気持ちがあったのかもしれない。

山田前監督から落合新監督へ変わって、あらゆることがやりやすくなった。

だがこれは「初めのうちは」だった。

落合さんは我々とは違う次元でモノを見ている、考えているところがあった。我々凡人には及びつかない考えを持っていて、それが私にはどう考えているのかわからないことが多かった。そういった部分のやりにくさはあった。

就任して数年後、チームが常勝チームになってからは、ドラフトに関しては目先のことが最優先となった。

「育成の年だから今年は下位でも仕方がない」というような考えを持っている監督ではなかった。勝たないとダメ、結果に徹底的にこだわる監督だった。

「何のために優勝を目指すのか？　それは自分の給料を上げるため。プロの世界にいる限り、監督も選手も年俸が評価のバロメーター」

根底にはそんなプロ意識の高さがあったように思う。

だが、目の前の結果にこだわる監督と、5年後10年後のことも見据えなければいけないスカウトの間で考え方が合わないことも何度かあった。そのことも含めて、ここから落合さん時代のドラフトを振り返ってみたいと思う。

2004年

高校生は1人もいらない

「那須野でいってくれ」

就任1年目でリーグ優勝を成し遂げ、世間を驚かせることになる2004年。この年から実質的な「落合監督時代のドラフト」がスタートした。

前年のドラフトが終わった時点で、スカウト部内では「来年は北九州市立大の中田賢一、日本通運の川井進をまず狙う」という大まかな方向性は決まっていた。落合さんからは、来年はどこのポジション、どこどこの誰を獲ってくれなどの話はこのときはまだなかった。だが、2004年シーズンが開幕した頃こう言われた。

「那須野でいってくれ」

日本大の那須野巧は体が大きく、手足も長い大型左腕。この年の目玉の1人だった。バランスを少し崩すとストライクが入らなくなる、やや危なっかしいところのあるピッチャーだったが、3年の秋頃からバランスがピタッと合いだし、4年の春には目を見張る素晴らしいボールを投げるピッチャーになっていた。だが、那須野は早くから横浜でほぼ決まっていると言われていた。実際、横浜の担当スカウトからも「那須野からすでに返事をもらった」という話も聞いていた。

「でも那須野は横浜で決まっていますよ」

落合さんにそう話すと、予想していなかった言葉が返ってきた。

「いや、まだ決まってないみたいだぞ。ウチだったら来たいって聞いてるぞ」

落合さんはどこからそんな情報を入手したのだろうか？　おそらくだが、当時二軍監督だった佐藤道郎さんからではないかと思っている。落合さんとも親しく日本大OBでもあるからだ。

後に横浜は那須野に5億3千万の契約金を払っていたことが明るみとなり問題になったように、自由獲得枠は非常にお金のかかる制度だった。

「絶対に止めたほうがいいですよ。今から巻き返すのであれば相当これ(お金)がかかりますよ」

「それはいいんだ。とりあえずいってくれよ」

まだそういう裏の競争があった時代。那須野の契約金も最初はもっと安かったのだが、うちが後から獲得競争に参入したため、契約金がどんどん膨れ上がっていった。横浜のスカウトからも「もう勘弁してくれ。中日が1回会うたびに契約金が上がっていく」と泣きつかれたこともあった。

結局、中日は契約金を上げることに貢献しただけで、那須野は当初の話し通りに横浜を選んだ。

シーズン中は落合さんとはほとんどドラフトの話はしていなかった。星野さん時代は名古屋に戻ることがあればグラウンドに顔を出し、色んな選手のことやスカウティングの進捗などについて話していたが、落合さんとはほとんどなかった。それは落合さんが情報流出に対して強い警戒感を持っていたから。だからシーズン中に頻繁に球場に出入りすることがはばかられた。ようやく落合さんと話す機会を持てたのは9月か10月になってからだ。

1巡目は将来性を重視してスケールの大きな高校生でいきたいと考えていた。第一希望は東北高のダルビッシュ有（現パドレス／日本ハム1位）だったが、おそらく競合になるだろうと予想し、単独狙いで横浜高の涌井秀章（現中日／西武1位）でいきたかった。そのことを落合さんに相談すると「そんな話は一切やめてくれ」と言われてしまった。

「今年は高校生は1人もいらないから。今のうちに高校生を育てている余裕はないぞ。全員社会人か大学生でいってくれ」

落合さんの口からは「JR九州の樋口（龍美）でいってくれ」と具体的な名前も出た。

私の心境は、意外かもしれないが「まぁ仕方がないか」だった。

あとで述べるが、当初から狙っていた北九州市立大の中田と日本通運の川井を抑えてあった。即戦力ピッチャーを2人抑えているので1位ではスケールの大きな高校生を指名して冒険をしたい気持ちがあった。だが現場の指揮官がそう言うならば高校生は諦めようと思った。

樋口の獲得に関しては、28歳という年齢も、怪我の状態も、ネックはすべてにおいてあった。だがこの時点で獲得できるめぼしい即戦力投手も限られるし、なによりも落合さんが「高校生を育てている余裕はない」「樋口でいってくれ」と言っているのだから、樋口を獲りにいかない理由もなかった。今にして思えば、落合さんが当初欲しがった那須野を獲得できなかったという後ろめたさもあったかもしれない。

樋口の獲得競争はこのとき西武がリードしているとされていたが、うちが後から獲得競争に参入すると撤退した。その西武がドラフトでは涌井を単独1位で指名した。もしかしたら樋口をダミーにしたのかもしれない。西武は実にしたたかで巧妙なドラフトをする球団だからだ。

樋口は日田林工高（大分）、九州国際大時代はごくごく普通のピッチャーだった。それが社会人6年目、28歳になって急激に良くなった遅咲きの選手だった。社会人で埋もれていた期間がありながらも急激に良くなる選手は、プロに入って間違いなく活躍できる。落合さんはそんな考えを持っていたように思う。樋口はある意味落合さん好みの選手でもあった。

樋口はプロ入り後は怪我に苦しみ、一軍未登板のまま3年で引退した。アマチュア時代から怪我を抱えていたが、急遽獲得に動いたためこちらも怪我の状態を正確に調べきれないままの獲得だった。

中田賢一獲得のために流した噂

2巡目で獲得した中田は、一言でいえば素材が良かった。ボールが速くて馬力があり、そしてスタミナは無尽蔵。本来自由枠でなければ獲れないピッチャーだった。他球団のスカウトからも「中田を自由枠を使わずに獲るなんてずるい」とよく言われたものだ。これには秘策があった。北九州市立大の監督は私の大学の同級生。中田が入学した頃から「良いピッチャーが入ってきたぞ」という情報をもらい、九州担当の渡辺スカウトに見に行かせていた。「めちゃくちゃいいです。馬力もあって体つきもいい」という報告を受け、早くから目をつけていた。私も見に行ったが、その場で「うちが3年後に獲るからな！」と言ったほどだった。それくらい中田の投げるボールは強烈だった。

この逸材をどうしても欲しかった私は、中田が私と同じ名字であることを利用して「中田は中日の中田スカウトの親戚らしい。中日以外には絶対に行かないみたいだ」という噂を流した。これが上手くいった。だが、他球団が手をこまねくなか、地元のダイエーが黙っていなかった。2巡目で指名というならば「ウチが指名するぞ!」とけん制をしてきた。

最後まで横やりが入らないかドキドキしたが、最終的にはどこも指名をしてこなかったため、中田を無事に2巡目で指名することができた。

中田を自由枠で獲得したほうが安全ではあったが、ダルビッシュか涌井を1巡目で指名することを最後まで模索していたので、どうしても自由枠を使わずに獲得したかったのだ。

この年はドラフトの目玉の1人でもあった明治大の一場靖弘が、複数球団から栄養費名目で金銭を受け取っていたことが発覚して大きな問題となった。中日といえば昔から明治大とは強い関係性があったが、私は一場のことは評価していなかった。厳しい言い方をすれば「ボールが速いだけのピッチャー」という評価だった。また、それ以前に「ちょっとややこしいところがあるから止めましょう」と、担当スカウトから暗に後の問題を見越していたような報告もあったから、中日は獲得競争には加わらなかった。

「高校生はいらない」の真意

5巡目の中部大・鈴木義広はその独特の投球フォームが評価を迷わせていたピッチャーだった。しかし、地元の大学でもあるし、中位以降で残っていれば絶対に獲ろうと思っていたので、この順位で指名した。6巡目の石井裕也は横浜商工高（現横浜創学館高）のときから追いかけていたピッチャーだったが、耳が聞こえないというハンディキャップもあり、どの球団も獲得する意思はなさそうだった。チームの監督さんなどに聞いてみると、本人は生まれながらこの状態でやっているから、こっちが喋っていることも理解できるし100パーセント聞こえないわけではない。補聴器をつければ聴き取れるし、意思の疎通なども含めて野球は問題なくできるという。そういった情報を信じて獲得した。鈴木も石井も中継ぎとしてチームによく貢献してくれた。思い切って獲って良かったと思っている。

8巡目のJR東日本・小山良男と9巡目の日本通運・金剛弘樹は落合さんから「獲ってくれ」というリクエストがあって指名した選手だ。落合さんは日本通運の選手を好む傾向があることは書いたが、JR東日本の選手も好む傾向があった。こちらの理由はよくわからないが。

12巡目、ドラフト全体の最終指名となった法政大の普久原も落合さんのリクエストだ。時にいろいろな関係から、「獲って欲しい」「獲ってやってくれ」ということもドラフトにはよくある話。選手枠が空いており、下位指名でいいのであればスカウト部としても特に問題はない。指名が12位までいったのは、落合さんが「大学、社会人は良い選手がいれば何人でも獲ろう」ということでこうなった。

就任1年目、落合さんが春のキャンプで選手達を鍛え上げたことは有名だが、落合さんのなかでは「ドラフトで高校生を獲ったところで鍛え上げられない」という考えがあったのではないかと思う。それが「高校生はいらない」という言葉に繋がったのだと理解している。

落合さんは「高校生はわからない」ともよく言っていた。それは目の前の練習についてこれるかわからないし、2年、3年と練習についてこられるのかもわからない。大学、社会人の選手ならば少なくとも厳しい練習にはついてこられる。練習についてこれさえすればなんとかなる。そういうことをよく言っていた。だから落合さんのドラフトの基本方針は大学、社会人が中心になるのも致し方のないことだった。

2005年

故障抱えた吉見の獲得

岡田から平田に乗り換えた1巡目指名

落合監督の2年目のシーズン。この年の春先、落合さんからこんなことを聞かれた。

「ファーストで左投げ左打ち、長打を打てる選手はいないか?」

ファーストといえば多少守備が下手でも打てる選手が守るポジションというイメージがある。だが、落合さんは「ファーストって大事なんだよね」とその守備力を重視していた。ファーストは左投げのほうがバントシフトでもセカンド、サードに投げやすいし、けん制でもランナーにタッチもしやすい。

頭に浮かんだ選手がいた。履正社高の岡田貴弘(現T-岡田/オリックス1位)だ。

履正社高の監督、岡田龍生(現東洋大姫路高監督)は私の大学の後輩で、練習を見に行ったときにこんなお願いをした。

「外野の岡田、今度の練習試合でファーストを守らせてくれんか？　うちの監督はファーストを重視しているからちょっと見たいんや」

それで岡田にファーストを守らせてもらった。守備は特別上手いとは言いきれなかったが、まぁまぁできるのがわかった。

監督の岡田には1位でいくと断言はしなかったが、「うちの監督が左投げで大きいのが打てるファーストを探している。もしかしたら1位でいくかもわからんぞ」とだけ話した。

この年、大阪にはもう1人注目の選手がいた。大阪桐蔭高の平田良介だ。

当たれば打球が強烈で体格に恵まれた岡田と、やや小柄だが三拍子揃った平田。大阪大会での2人を担当スカウトとそんなふうに見ていた。だが、この夏の大阪大会を制して甲子園に出場した平田が、大舞台で1試合3ホームランの大活躍をして一気に評価を高めた。

甲子園が終わった後、落合さんに「予定通り岡田でいきますか？」と確認をすると「いや、平田でいってくれ」とあっさりと乗り換えた。元々、スカウト部は春先から脚も肩もある平田を評価していた。だから落合さんが平田を気に入ったとしても、何の異論もなかった。

落合さんは監督就任当初から「右の四番」候補を求めていたのだから、落ち着くところに落ち着いたというべきだろうか。

だが、平田はドラフト直前に行われた「アジアＡＡＡ選手権」で右肩を亜脱臼した。平田の独特の打ち方には賛否あったが、一番評価したのは守備だった。肩が良くて足もあり、一言で言えばナゴヤドーム向きの選手だった。そんな平田が右肩を怪我したのだから、このまま指名するべきかどうか迷った。

「平田の肩はちょっと心配です。当初予定していた岡田にしますか？　どうしましょうか？」

それでも落合さんは「いや、平田でいってくれ」と最後まで平田の高い評価は変わらなかった。

「自信がない」吉見を説得

吉見一起は金光大阪高時代から注目していたピッチャーだった。

この頃、現在はチーフスカウトを務める米村明も関西地区担当として駆け出しスカウトの1人だった。吉見が2年の秋だっただろうか、そんな米村に吉見のピッチングを見せた。

「いいか、このピッチャーがドラフト指名ボーダーラインのレベルだ。このピッチャーを良く見て基準にしておけ。これよりも良いピッチャーなら上位候補、これより劣るピッチャーなら候補から消してもいい」

とにかく吉見が基準になるピッチャーだからよく見ておけよと話した。

米村はそれから吉見を徹底マークして見守り続けた。そうして一冬を越えると、吉見はものすごく成長してドラフト上位クラスのピッチャーになった。米村はそう思った。

吉見が良くなったのは間違いなかったが、他の候補との兼ね合いなどを含めて、最終的に誰を1位で、誰を上位でいくのかを判断するのは部長の私の役目なのだが、米村は「上位でいかせてください」とうっかり学校側に言ってしまった。これは米村の勇み足だった。私は米村を連れて学校に向かい、事情を説明した。

この年は早稲田大の和田をはじめ、何人かの大学生を自由獲得枠で狙っていたし、ダメなら明徳義塾高の森岡でいこうと早くから考えていた。上位指名の候補者はある程度絞り込んでいたため、吉見の上位指名は難しい状況だったのだ。

吉見本人がプロ入りを希望すればおそらく4位か5位くらいでは指名されていたと思うが、本音を言えば、社会人でワンクッション置いたほうが良いタイプだと思っていた。

結局、吉見はトヨタへ進むことを選んだ。このとき3年後に獲りたいなと考えていた。

トヨタに入社後、吉見は右肘を手術していてその回復具合が気になった。だがある一時期は良いボールを投げていたし、高校時代の良かったときも見ているので担当スカウトには「吉見の逆指名を獲りにいくぞ」と話していた。だが、いざ獲りにいくと本人は「自信がない」という。「心配しなくても、今の中日は投手陣が豊富だし、2、3年後に出てきてくれれば良いから。とりあえずウチに入って1年間しっかり治して、2年目に投げ出して、3年目で一軍で投げてくれればいいから」と説得した。吉見の家族にも同じように話をして、なんとか逆指名してもらうことができた。

落合さんに吉見を希望枠で獲得する旨を報告をすると「怪我をしているのに獲らないといけないわけでもあるのか?」と初めは訝しがられた。だが「今年獲っておかないと来年になったら争奪戦になりますよ」と説明すると、「そんなにいいなら獲ろうか」と理解してくれた。中日投手陣を考えれば、新人が1年目から活躍しなくても何の問題もなかった。盤石の投手陣だったからこそできた吉見の獲得だった。

3巡目で指名したのはNTT西日本の藤井淳志。肩と足が優れていた外野手だった。打つほうに確実性はなかったがパンチ力があった。大学卒の社会人選手だったが、荒削りな分だけ上積みも期待できた。落合さんにも見せたところ「藤井、獲って」と気に入っていた様子だった。

4巡目で指名した駒澤大の新井良太は不器用だったが体に力がある選手だった。お兄ちゃん(現広島監督の新井)に比べて足もあった。その頃はお兄ちゃんはもうプロとして一流選手だったから、比べてしまうと劣る部分が目立ったが、素材として面白かった。練習も一生懸命にやる選手だったことから指名した。

戦略も難しくなった歪なドラフト制度

この年からドラフトが高校生ドラフトと大学・社会人ドラフトに分離された。歪な形のドラフトで、戦略がものすごく難しくなった。

落合さんは大学・社会人選手をメインにドラフトを考える人だったから、この年の高校生候補は例年よりも早く絞りきった。

日本ハムが3巡目で指名した東邦高の木下達生は狙っていたピッチャーだった。早くから獲得に動き、本人も中日入りを熱望してくれていて、3巡目で指名する予定だったが、日本ハムに先に指名される形になった。市立和歌山商高の川端慎吾も獲得候補に挙がっていた選手だったが、こちらも3巡目で先にヤクルトに指名された。

高校生だけのドラフトなので3巡目の最後のほうには欲しい選手がほとんど残っていなかった。反対に、後に大学・社会人ドラフトが控えていることから、今までのドラフトであれば名前の挙がったような高校生が指名されなかったケースも多かった。

ソフトバンクの希望枠は亜細亜大の松田宣浩（現巨人）だった。高校は地元、岐阜の中京高出身の選手であったが、中日の内野は井端、荒木がいて立浪、森野がいて、さらにドライチの中川、森岡が控えるという陣容だったため、自由枠を使って内野を獲るという戦略はなかった。松田でいえば、双子のお兄さんがトヨタでピッチャーをやっていて、むしろそちらを狙っていたくらいだった。

ソフトバンクは5位で三菱重工名古屋の内野手、本多雄一も指名している。これは地元だったが全く見逃していた選手だった。だが、先にも述べたが、中日内野陣は盤石で、即戦力の内野手は補強ポイントではなかった。

巨人に希望枠で入った東北福祉大の福田聡志も伊都高(和歌山)時代から見ていたピッチャーで、高校時代からボールが速く威力もあった。だが「あっちむいてほい」みたいなあの投球フォームを見ると、ちょっと使いづらいタイプかなという印象が強く、獲得には動かなかった。

京産大の平野佳寿は大学4年間で急激に良くなったピッチャーだった。だが、オリックスには京産大OBのベテランスカウトがおり、こちらが「平野は良くなったなぁ」と思った頃にはオリックスで決まっていた。

阪神希望枠の関西大の左腕、岩田稔は、大阪桐蔭高時代に中村剛也を見に行ったときによく見ていたが、その頃から良いボールを投げていた。だが聞けば糖尿病で、小さい頃から自分でインスリン注射を打っているという。「そんな選手がプロでやっていけるのだろうか……」と判断に迷い、大学進学予定というので様子を見ようということになった。岩田は大学でも活躍して多くの球団が狙う選手になり、阪神への希望枠入団が決まった。我々も岩田をきっかけに糖尿病を抱えた選手についていろいろと調べて、勉強もした。岩田は糖尿病を抱えていてもプロに入れる、プロでやれることを証明して多くの人達に希望を与えたと思う。

日本ハムが4巡目で指名したシダックスの武田勝。あの独特の投げ方は星野伸之（元阪神ほか）、能見（元オリックスほか）に通ずる部分があったし、バッターは打ちづらいだろうなと思って見ていた。制球力もあるし、左でもある。使えるか使えないかでいえば使えるとは思った。だがこのとき27歳。この年の獲得候補には挙がってこなかった。

希望枠で吉見を獲って、高校生ドラフトでは平田を1巡目指名。現場とフロントの考えも一致し、意思疎通もとれていた。後に投打の主力となる2人が獲れたのだから満足度の高いドラフトだった。

こぼれ話

2005年

「目をつぶって使ってください」とお願いした田上と鉄平

この年のオフ、2001年3巡目指名の田上が戦力外となり、ソフトバンクに移籍した。田上の魅力はバッティングで、「目をつぶって使ってやってください」と何度か落合さんに話したことがあった。だが、キャッチャーとしてはポカが多く、「こいつの考え方だとキャッチャーは難しいぞ」というようなことを落合さんに言われたことを覚えている。

「結構飛ばしますよ。右の四番候補になれる選手ですよ」とも話したが、「キャッチャーで使えないとウチではちょっと厳しいよな」という評価だった。2005年からはファーストにはタイロン・ウッズも加入していたので、落合さんとしても田上の使いどころがなかったのも確かだ。

その田上はソフトバンク移籍後の2009年に26本のホームランを放ち、その長打力を存分に証明し、オールスターにも初出場した。自分がプロに導いた選手が移籍先で大ブレイクしてくれて、私自身もほっとしたことを覚えている。

この年は鉄平も楽天に移籍している。鉄平もまた落合さんに「目をつぶって使ってください」と何度かお願いした選手だった。ちょっと人と違うバッティングをする選手だったが、バットコントロールがものすごく良い選手だった。

だが落合さんは「でもこのバッティングじゃ打てないぞ」とあまり評価していなかった。また、中日の外野には福留、アレックス、井上、英智がいて「目をつぶって使う」にしても守るところがなかった。

鉄平は天才肌というか、独特の感性を持っている選手で、悪い意味ではないのだが、人間的に変わっている「宇宙人」的な部分があった。だからコーチに何か言われても悪気無く「何を言っているんですか？」みたいな表情をしてしまうこともあった。それで段々と使ってもらえなくなっていた。もしかしたら、そういうことが落合さんの耳にも入っていたのかもしれない。

結局「このまま中日にいても……」というタイミングで、鉄平を高校時代から知っている楽天のスカウトが「クビになるならウチが獲るわ」と言ってくれ、移籍した。

鉄平は、球団ができたばかりの楽天だったからこそ、目をつぶって使ってもらうことができ、その後の大ブレイクに繋がった。

2006年

プロでの明暗分かれた堂上と坂本

中日入りに反対だった直倫の父

この年の野手の目玉は地元、愛工大名電高の堂上直倫だった。直倫のことは中学時代から狙っていた。有名な話だが、中学時代の直倫はファン感謝デーの余興で行われた中日との試合に、『リトルシニア東海選抜』の四番・投手として出場し、福留からナゴヤドームのレフトスタンドへ放り込んでいる。その頃から「将来は中日へ！」という地元の声は大きかった。選手達からも「中田さん、堂上さんの息子さん、絶対に獲らないかんですね」と言われたものだ。お父さんも元中日の選手で選手寮『昇竜館』の館長・照さん、お兄ちゃんも中日の現役選手（剛裕／現中日球団職員）。

甲子園でも活躍した地元のスター選手でルックスも性格も良い。指名をしない理由がないほどだった。

投手の目玉だった駒大苫小牧高の田中将大（楽天1位）ももちろん評価していた。1年目から上で投げられるピッチャーだと思っていたが、球団の総意として「今年はどんな事情があっても堂上！」と決まっていたから、田中の獲得は初めから目指していなかった。落合さんは田中を一番評価していたようだったが、球団の事情を理解してくれていた。

だが、お父さんの照さんは、落合さんの下で自分の息子がプレーすることに懸念を持っていた。

「落合のアレでうちの息子、よう育てるかな？」

「大丈夫でしょう。モノが違いますよ」

「原監督（巨人）か岡田監督（阪神）のほうが若手を上手く育ててくれそうな気がするんやけど」

「実力だけでいったら青森に坂本(勇人)というショートもいてるんです。でも中日が地元スターの直倫を指名せずに坂本を指名できると思いますか？」

そんな話をしたことがある。

直倫本人は中日に行きたがっていた。だが、息子を心配した照さんはできれば他球団を希望していた。自分も仕事がやりづらくなるだろうし、名古屋の街の良いところも悪いところも知っているから、親として心配になるのも無理はなかった。「指名するの止めてくれよ」と半分冗談でよく言われたものだ。

「それ、本気で言っているんですか?」

「結構本気やぞ」

「そんなことしたら僕、クビですよ」

こんなやりとりが何回かあった。

「どうやら堂上は中日でガチガチではないようだぞ」

そんな噂を嗅ぎつけたのか、巨人と阪神も獲得競争に参戦してくることになった。巨人は最終的に降りて坂本を単独でいくだろうと思っていたから直倫の指名にきたのは意外だった。

私は坂本も高く評価していたから、冗談で「巨人と阪神が直倫でくるならうちが単独で坂本にいこうか」と言ったことがあるくらいだ。

坂本の良いところは内側からバットが出るところ。内角の厳しいボールに巻きついてポール際に放り込んだり、それをセンターに持っていくこともできる。足もあるし体つきも良い。守備も柔らかく、肩も強い。光星学院高(現八戸学院光星高)の監督さんにも「堂上を外したら外れ1位で指名します」とも話していた。

しかし、そんな坂本よりも評価は間違いなく直倫が上だった。だから3球団競合で引き当てたときは万歳して喜んだ。イチローを指名し損ねて以来、待望久しい地元のスター選手の獲得だった。

だが、プロでの2人の成績は対照的なものとなった。

直倫はプロに入ってからはユーティリティ性の高い「守備の人」になった。そうなってしまったのには理由がある。高校3年のときにピッチャーもやっていて肘を痛めた。抑えの切り札のような形で使われ、結構大事な場面で投げていたが、そのときから「肘が痛い」と言っていた。それが悪化してヒジが曲がった状態になってしまったのだ。ヒジを痛めるとバッティングにも影響が出ることがある。「プロでその影響が出なければいいが」と思っていた不安が不幸にも的中してしまった。

プロに入ると、上手く打てていた内角のボールを肘をたたんで打てなくなったしまった。バットが内側から出せなくなったのだ。右肘を上手く使えなくなったことで、それまでの柔らかいバッティングができなくなってしまった。それがプロで思うような結果を残せなかった要因だと私は思っている。反面、肘を痛めたことでショートスローが抜群に良くなったのは皮肉というほかない。

「ポスト谷繁」で迷った田中と嶋

高校生ドラフト3巡目で指名したのは横浜高の福田永将。キャッチャーとしては色んな課題はあったが、体つきも良くて、バッティングがものすごく良かった。だがムラのあるバッターでもあった。ただ「素材優先で高校生を獲るならこういう選手だなぁ」という、未完成故の魅力があり、高校生ドラフトの3巡目で獲るにはうってつけの選手だった。落合さんも映像を一目見て「これはいいパワーしてるね」と評価した。

キャンプ初日の福田のバッティング練習を見た落合さんは、すぐにファーストへのコンバートを決めた。同じコンバートなら外野でもサードでも良かったと思うのだが、2005年の章でも書いたように、落合さんにはファーストの守備が大事だという考えがあった。

「監督、ファーストやらすんですか？　キャッチャーで獲ってきたのでキャッチャーをやらせてくださいよ」

「ファーストは重要なポジションだ。福田にはファーストをやらせて、こっち（打つほう）を期待するわ」

こうして福田は入団早々にファーストにコンバートされた。

高校生と大学・社会人とドラフトが分離されてしまうと、なかなか戦略が立てづらい。かつてのように1位クラスを2人も獲るようなことはできなくなっていた。

そんななかで、大学・社会人3巡目で日本福祉大のピッチャー、浅尾拓也を指名できたのは大きかった。担当の中原勇一スカウトが「日本福祉大に強烈なピッチャーがいる」と浅尾が3年の秋に見に行き、早くからマークしていた。

野球強豪大学でもない地方の二部リーグ。本人も初めはプロでやる自信がなく、「プロに入れればどこでもいいです」「プロの世界で勝負したいです」というタイプの選手ではなかった。だから、自分のことを一番見てくれて、一番知っている、地元の球団で野球がやりたいという思いが強かった。他球団も当然狙っていたが「中日以外なら東邦ガスへ行く」と、半ば逆指名する形で中日を選んでくれた。

希望枠では「キャッチャーを獲ってくれ」と現場から要望が出ていた。谷繁が35歳。後釜の必要性を考えてのことだったと思う。

候補に挙がったのは東洋大の田中大輔と國學院大の嶋基宏（楽天3位）。実力はどちらも一長一短あり、迷いに迷った。最終的には落合さんから「迷っているなら田中でいいんじゃないの？」という言葉もあったし、高校時代から強豪校（如水館高）のキャッチャーとして鍛えられている田中を選んだ。嶋は中京大中京高時代は内野をしており、キャッチャーに転向したのは大学に入ってからと経験がまだ浅かった。

結果論で言えば、嶋を選ばなかったことを責められてしまうが、嶋も楽天に野村克也さんがいたからこそ大きく成長することができたのだと思う。中日では谷繁が45歳までホームベースを守り続けたのだから、中日に来ていたらまた大きく違っていたかもしれない。谷繁の壁というのはそれぐらい大きかった。

5巡目の新日本石油ＥＮＥＯＳ・岩崎達郎は前年にも指名を検討していた選手だった。守備は間違いなく一軍で使えるという計算が立つ選手だった。この年、井端が31歳、荒木が29歳。期待したドライチコンビ、森岡と中川が思うように成長していないという事情もあって、内野で計算できる選手が欲しかったのだ。

怖さがあった増渕、センス抜群だったマエケン

ヤクルトが1位指名した鷲宮高の増渕竜義は、素材はすごいと思ったが「プロでストライクが入るかな……」という不安があった。横から投げる右ピッチャーは、右バッターから見ると驚異だが、投げるほうからしてもぶつけてしまう気がして投げづらい。常に右バッターの胸元

に投げられるコントロールがあればいいが、投げ損なってぶつけたりするとイップスのようになる怖さもある。

昔、立命館大に平本学(2000年ヤクルト1位)という右のサイドスローピッチャーがいた。大阪産大高時代は線が細くスピードはなかったが、しなるような腕の振りから良いボールを投げるピッチャーだった。それが大学に進んで体がものすごく大きくなってスピードも150キロ出るようになった。だが、時折右バッターの背中を通るようなボールを投げるなど、コントロールのつかない、高校時代とは真逆のピッチャーになってしまった。増渕にも同じ姿が重なり評価はできなかった。

広島が1位指名したPL学園高の前田健太、通称「マエケン」。これは良いピッチャーだった。投手センスはもちろん、野球センスが抜群。バッターに向かっていくアグレッシブさも良かった。だが、うちの1位は直倫で不動だったことから、田中と同様に縁がない選手だと諦めていた。

駒澤大にこのとき、野本圭がいた。野本は大学の最終シーズンにかなり打っており3位か4位で獲りたいと思っていた。だが早くに日本通運で決まっているという。典型的な「縁がない選手」だと思って諦めた。「縁がない」というのは、このとき1学年下に大島洋平がいたからだ。上位で指名されるような選手ではなかったが、三拍子揃った良い選手で高校も地元の享栄高だった。卒業後は社会人入りすることがほぼ決まっていたため、3年後に指名したいとこのとき青写真を描いていた。野本も社会人に進めば指名解禁は2年後になる。さすがに同じ大学出身の左投げ左打ちの社会人外野手を2年続けては獲らない。そんなことから、この年に野本を指名してしまいたかったのだ。

野本には縁がなかったと思っていたのだが、この2年後に違う形での縁があった。それは2008年の章で語るとしよう。

2007年

中田翔を欲しがらなかった落合さん

中田より断然評価した東北の豪腕

この年のオフにFAで福留がメジャーリーグへ移籍する。福留の抜けた大きな穴は、西武から和田一浩をFAで獲得することで埋められることになるのだが、落合さんからは「ドラフトでは即戦力バッターを獲ってくれ」とは言われなかった。そもそも、落合さんは誰が抜けるからこういう選手を獲ってくれ、というような言い方はしない人だった。

この年の高校生ドラフトは仙台育英高・佐藤由規（ヤクルト1位）、成田高・唐川侑己（ロッテ1位）、大阪桐蔭高・中田翔（日本ハム1位／現巨人）が『高校生ビッグ3』と言われていた。この突出した3選手の中から中日が1巡目に選んだのは佐藤だった。だが、5球団競合となり抽選で外した。外れ指名では市立船橋高の長身右腕、岩嵜翔（現中日）を指名したがここでもソフトバンクと競合して外した。

前述の通り、落合さんは就任以来「右の四番候補」を育てたいと考えていた。スカウトにも「頭に置いておいてくれ」とも言っていた。だから中田1位ということも当初は私の頭にもあった。だが、私は純粋に「投手・佐藤」と「打者・中田」を比較して佐藤を評価した。落合さんも「中田でいってくれ」とは一言も言わなかった。むしろ、スカウト会議の席で中田の名前が出ると「中田はダメだぞ。うちはそういうタイプの選手はダメだからな」と念を押していたくらいだ。

中田は日本ハム時代に後輩選手に対する暴力事件を起こし、球団から出場停止のペナルティが科され、後に巨人に無償トレードされた。落合さんの言っていた「そういうタイプ」とは、中田のそういう面、素行面を指していたのだと思う。我々スカウトも中田の素行面などは徹底的に調査を行っていた。ヤンチャな面はあるが指名を回避するほどではないという結論だったが、それでも落合さんは欲しがらなかった。

中田はパンチ力もあったし、強烈なバッターだった。だが「プロではひょっとして通用しないかもしれない」という一抹の不安があった。なんでもかんでもボールに手を出す悪癖があったからだ。「アマチュアだから、金属バットだから打てているけど、あんなボールを振っていたらプロでは打てんぞ」と思った。素行云々以前にバッティングの技術的な面でクエスチョンマークがつく部分があったのだ。

だが、そんな不安は杞憂だった。少々のボールでも打ちにいく姿勢があったからこそ、中田はプロでも成功した。中田は私の想像をはるかに超えるバッターだったのだ。

佐藤は甲子園でのスピードボールが話題になったが、元々はストライクゾーンの四隅にきっちり投げるコントロールを持ったピッチャーだった。だが3年になってスピードが速くなると同時にその良さが消えた。154キロくらい投げるようになっていたが、その分ストライクが入らなくなった。ただそのスピードと威力はやはり半端ではなかった。コントロールが悪くなっている点は気になったが、元々はコントロールの良いピッチャーだし、スピードが急激に上がったということはこの先の伸びしろもまだまだあるだろうと考え、この「東北の豪腕」を1巡目に選んだ。

佐藤はヤクルト入団後、肘の故障などに苦しんだが、あれはスピードの出しすぎが原因だろうと思う。150キロを超えるボールを投げるために腕の振りが強すぎて、負荷に肘が耐えられなかったのだと思う。

佐藤、岩嵜と外して、外れの外れで指名したのは浦和学院高の右腕、赤坂和幸だった。赤坂のことは当初からピッチャーとして評価していた。だがあるときからボールがいかない、ストライクも入らないイップスのような状態になってしまった。そんなふうにピッチャーとして不調になってしまった頃、たまたま見た試合で赤坂は目の覚めるような打球を飛ばしていた。「これ、バッターのほうがいいんじゃないか？」とその試合で打者としての評価が上がった。その後、ピッチャーとしても復調し、１５０キロは出なかったがそこそこのボールを投げた。そんな投・打の素材の良さを評価して1巡目候補として置いておこうとなった。だから岩嵜を外した後は、すぐに赤坂の名前が挙がった。とりあえず初めはピッチャーをやらせてみて、ダメだったら野手として、そんなことを考えての指名だった。

今日の貧打に繋がる「ナゴヤドーム」の呪縛

広島が3巡目で指名した千葉経大附高の丸佳浩（現巨人）は、バッティングセンスは良いなと思ったが、走攻守のどれもが突き抜けていない、中途半端な選手に見えた。だから広島に入ってあそこまで長打を打てる、高い次元の三拍子が揃った選手になるとは思わなかった。ソフトバンク3巡目の帝京高の中村晃は、独特のタイミングのとり方だったが、良いバッティングをする、光るものがある選手だった。だがプロで果たしてどこを守るのか？　という点から、ちょっとプロでは難しいかなと思った。

後々考えると、明治大の佐野恵太（２０１6年ＤｅＮＡ9位）、横浜高の近藤健介（２０１１

年日本ハム4位／現ソフトバンク）もそうだが、一種独特の「自分の形で打てる選手」というのはプロで大成している。打てる才能がある選手は、ポジション云々に関係なく獲らないといけなかった。

中日が近年、打てない、打てないと批判されているが、やっぱり打つことに特化した選手を獲ってこなかったことにも原因がある。広いナゴヤドームが本拠地である以上「野手は守れないと獲れない」という不文律が自分のなかにあり、そういう選手を積極的に獲ろうとしなかった。それが間違っていたのだと、今になって思う。

1年だけ輝いた外れ1位の山内

大学・社会人ドラフトの1巡目は地元愛知工大の左腕、長谷部康平（楽天1位）。5球団競合となり高校生ドラフトと同様にまたも抽選を外した。外れ指名は名城大の山内壮馬。長谷部とは杜若高（愛知）時代のチームメイトになる。

この年、長谷部と共に目玉だったのが東洋大の大場翔太（ソフトバンク1位）だった。私は長谷部よりも馬力がある、大場が良いと思ったが、担当スカウトの仁村が「大場はちょっと怖いです」と推薦してこなかった。馬力はあるが、メンタルの部分、投手として必要な繊細さなどの部分でいくつか引っかかるところがあるのだと言う。そんなこともあり、地元の選手で左投手でもあるということで、1巡目は長谷部に決まった。

外れ1位で山内を指名した理由を一言で言えば、「綺麗なボールを投げない」という特徴のあるピッチャーだったから。99年に外れ1位で指名した東邦高の朝倉と似たタイプだった。朝倉も馬力があってイヤなボールを投げるピッチャーだった。

だが、山内はプロ入り後初めの4年間は通算5勝と全くの期待外れ。それが5年目にいきなり10勝を挙げる活躍を見せた。

「お前、今まで何しとったんじゃ？」

「中田さん、スピードが出始めたらボールが動かなくなって、スピードが出なくなったらまたボールが動き始めたんです。低めを丁寧についたボールが動いて、みんな凡打するようになったんです」

そう活躍の要因を振り返ってくれた。二桁勝利はその年だけで長続きはしなかったが、確かにこの年の山内は低めにボールを集めてゴロばかり打たせていた。

ナゴヤドームで成功するピッチャーの条件は、この頃の山内のように低めにボールを集めて、重いボールでゴロを打たせること。今でいえば巨人の菅野智之タイプ。初球、二球目にやや甘いところに投げて打ってもらう。だがボールが低くて重いからゴロになる。打たせてとるピッチャーの理想だ。ピッチャーはみんな三振を取りたがるが、ピッチャーで活躍するならできるだけ早いカウントでゴロを打たせること。ナゴヤドームでは特にそういうピッチャーが勝てる。今シーズン、髙橋宏斗があれだけの速いボールを投げているのになかなか勝てないのはそういうところにある。

2巡目で指名した日立製作所の谷哲也は、前年にも獲得を検討していた選手だった。高卒社会人選手であるし、まだまだ上積みも期待できる、伸びしろ面も評価して指名した。

この年は全体的に候補選手が少なく、高校生ドラフトも大学・社会人ドラフトも中日は2人で指名を打ち切った。

他球団に目を移せば、活躍したのが楽天4巡目の國學院大・聖沢諒だ。「足だけは速いですけど……」という担当スカウトの評価だったが、それが楽天でレギュラーを奪い盗塁王も獲った。広島4巡目の九州国際大・松山竜平は、バッティングは良いが「守るところが……」という典型タイプだった。だが先ほどの話ではないが、あれだけ打てれば守るところはあとからついてくる。今も広島に欠かせない戦力として頑張っている。

日本ハム3巡目の関西学院大・宮西尚生は獲りたいと思ったピッチャーだった。だがちょっと危なっかしい部分があった。負けん気が強く、内角をガンガンつける活きの良いピッチャーであることは間違いなかったが、打たれるときは簡単に打たれるピッチャーでもあったからだ。ボールがあっちこっちに散らばる安定感のなさも気になった。その後のプロでの活躍を見ていると、もしかして意識してボールを散らばらせていたのかもしれないなと思ったが。

こうやって見ると、この年は高校生ドラフトも大学・社会人ドラフトも成功選手が極端に少ない。特に大学・社会人ドラフトの1巡目は総崩れに近い。そのなかで一度でも二桁勝利を記録した山内を外れ1位で獲れたことは幸運だったと言えるだろう。

ちなみにこの年のドラフトに関しては、落合さんは中田の獲得にNGを出した以外はほとんど何も口を挟まなかった。翌年の２００８年は1位指名する選手を巡って対立することになってしまうのだが、この年は嵐の前の静けさといったところだろうか。

2008年

1位指名を巡って監督と意見対立

理由は言わない指揮官、噛み合わない議論

高校生と大学・社会人のドラフトが別々に行われる、いわゆる分離ドラフトが終わり、従来の統一ドラフトに制度が戻った。自由枠、希望枠など名称だけがころころ変わったアマチュア選手の逆指名もなくなり、ほぼ現在のドラフトの形になった。

2003年オフの監督就任直後から、落合さんは常々「チームを作る骨格として右バッターの四番打者を作りたい」と言っていたことはこれまでに何度も書いた。だからこの年のドラフトでは、私の頭には真っ先に東海大相模高の大田泰示（巨人1位／現DeNA）の名前があった。バッティングには長所短所はあったが、素材の良さとスケールの大きさは将来の四番候補に相応しいと思った。

ドラフトを控えた最後のスカウト会議だっただろうか。落合さんに「大田でいきたい」と話

した。「清原、松井に匹敵する素材です。これまで中日は福留を含めて、10年に1人の逸材と呼ばれるスラッガーは逃げずに指名してきました」などと熱っぽく話した。落合さんは黙って聞いてくれた。そして私の話が終わるとこう言った。

「日通の野本でいってくれ」

ここから大田でいきたい私と、野本でいきたい落合さんとの噛み合わないやりとりが長く続いた。

野本も確かに良い選手だった。駒澤大時代に指名したかったことはすでに書いた。だがこの年、スカウト部は野本を1位候補から外していた。インコースがちょっと弱いという技術的な懸念もあったが、楽天が1位で指名することも知っていたため、同じ競合になるのであれば大田でいきたい思いもあった。

「本拠地がナゴヤドームのうちだと野本も苦労しますよ。楽天に行かせてあげたほうが本人のためじゃないですか?」

落合さんはそれも黙って聞いて反論しようともしない。じっと聞いてくれているので、「わかった。じゃあ大田でいこう」と言ってくれるのかと思ったが、「野本でいって」としか言ってくれない。

「インコースがちょっと打てないですよ」と言えば「他のコースが打てれば良いから」と言う(笑)。

「大田が良いのはわかっているけどな」「来年目をつぶってレギュラーとして使うから野本でいってくれ」などとは一切言わない。だから押し問答、喧嘩にもならない。暖簾に腕押しとはこのことだった。

落合さんがシーズンのいつ頃から野本1位で考えていたのかはわからない。だが、早くから「1位は野本でいって」と言えば紛糾することがわかっていたから、だからあえてギリギリのこのタイミングまで何も言わなかったのではないかと思う。

翌年には日本生命の大島を指名する構想があった。「来年、同じ左投げ左打ちの大島という外野を獲る予定です。だから今年は大田でいきましょう」とも話したが、「それはまた来年獲ればいいんじゃないの?」と、にべもない。

スカウト部長という立場上、野本を1位でいきたい理由を説明してもらわないと「じゃあ1位でいきましょう」とは言えない。私は「野本でいって」と繰り返すばかりの落合さんに、業を煮やしてこう言った。

「野本を1位でいくというなら、私をスカウト部長から罷免してからにしてください。私がスカウトの責任者である限りは、理由もわからないまま1位で指名するわけにはいきません」

それでも落合さんは冷静そのものだった。

「まぁ中田君、そう言わず。監督がどうしても欲しいと言っているから野本でいってあげたら?」

と西川順之助社長が間に入り、結局「明日、ドラフト当日の朝に決めよう」ということで一旦その場は収められた。だが、現場の指揮官と社長が「野本でいこう」と言っている以上、私が折れるしかないのは明白だった。

新聞記者が知っていた、野本の1位指名

「落合さんが野本を1位指名したいのは、何か他に理由があるんじゃないか?」

そんな不信感とも疑念とも言えない、もやもやした気持ちが拭えなかった。それはスカウト会議前日に中日スポーツの記者にこんなことを言われていたからだ。

「日通の野本でいくそうですね」

「どこが?」

「ドラゴンズが」

この人は何を言っているんだろうと思った。前述の通り、スカウト部に野本を1位でいく考

えはなかった。担当スカウトの仁村も1位で指名するような動きは一切していなかったのでそんな噂が立つはずがない。

「いや、うちは東海大相模の大田だよ」

「そうですよね。でも明日のスカウト会議で監督の口から『野本』って出ると思いますよ」

「そんなことあるかい」

このときは一笑に付したのだが、翌日それが現実になった。中日新聞の系列紙が中日の1位指名予想を外すわけにはいかない。落合さんは記者にペラペラ話す人ではないので、おそらくあらゆる方面から情報を収集して、中日は野本1位でいきそうだと考えたのだと思う。だが、繰り返しになるがスカウトは誰もそんな動きはみせていなかった。あのときの記者はなぜ「日通の野本でいくそうですね」と言ってきたのだろうか？　かまをかけただけだったのか？　今となってはわからない。

野本は落合さんが監督を務めた2011年までの3年間、それなりにチャンスはあったがもうひとつレギュラーになりきれず、思うような結果を残すことはできなかった。10年間の現役生活を経て今は中日のスカウトとして奮闘してくれている。

野本の名誉のために書いておきたいが、楽天と1位で競合したことからもわかるように実力はドラフト1位で間違いはなかった。だが、このときの中日は「世代交代」という大きな課題があった。だから即戦力として翌シーズンからある程度使える目処の立つ野本よりも、時間はかかっても次世代の柱になりうるスケールの大きな高校生野手が欲しかったのだ。

私はこのあとずっと考えた。スカウト部長として落合さんにどう話せばよかったのだろうか？　どう言えば、どう振る舞うことが正解だったのだろうか？　この先、同じようなことが起こったときはどうすればいいのだろうか？　考えても答えは見つからなかった。

これから入団してくる野本に対しても「自分は望まれていないのではないか」と余計な心配をさせたかもしれない。そのことに申し訳ないという気持ちもあった。

こういったことがストレスとなって蓄積されていったせいか、この頃の私は心身に不調をきたし、病院で『パニック障害』と診断された。長いスカウト人生の中で最も精神的に辛い時期だった。

高校生指名の大切さを思い知らされた3選手

野本を外した場合は2位で予定していた岐阜城北高の大型右腕、伊藤準規を繰り上げる予定だった。伊藤は本来1位評価の選手だったが、春頃に肘を故障して評価を下げていた。夏の大会には間に合ったが見切り発車の感は否めず、2位なら獲れるだろうと思っていた。

3位の東海大・岩崎恭平は、足は速いし玄人好みのバッティングもする評判の内野手で、この順位まで残っていると思っていなかった。ただ入団後は守備で時折チョンボをやらかすなど危なっかしいところがあった。4位の帝京高・高島祥平は評価の難しいピッチャーだった。一度だけ見たことがあったが、そのときは素晴らしいボールを投げていて個人的には良い印象があり指名候補に挙げていた。だが担当スカウトは「好不調の波が激しく指名するのは怖い」という評価だった。議論の末に、「高島、いいんじゃないの?」と獲得にゴーを出したのは意外にも落合さんだった。

なぜ落合さんが高島を知っていたのかわからない。しかし、息子さんが国士舘高で野球をやっていた関係で東京地区の高校、選手については知っていたのかもしれないなと、随分あとになってから思った。

5位の明治大・岩田慎司はクセ球が魅力だった。「明治大の選手を獲らなきゃいけない理由でもあるの?」と落合さんに言われたが、東邦高のときから獲ろうと思っていたこと、クセ球を操る面白いピッチャーだと説明すると「そうなの」と言って、それ以上何も言わなかった。

トヨタから吉見を獲ったときと同じように、古くから中日と縁の深いチームの選手を指名すると「何かあるのか？」と落合さんは気にすることが多かった。

この年のドラフトで後に大ブレイクしたのは西武の3位、大阪桐蔭高の浅村栄斗（現楽天）だろう。正直プロでショートは厳しいなと思っていた。またガンガン振るスタイルが「体の割に大きなスイングをする選手」というマイナスに映った。体ができたら面白いとは思っていたが、まさかあんなバッターに育つとは想像できなかった。3位で指名したショートの岩崎を絶対に獲りたいと思っていたので、同じポジションの浅村はそこまで評価していなかった。

オリックス3位の菰野高・西勇輝（現阪神）も評価していたピッチャーだった。だがこの年の高校生右腕では伊藤が2位か外れ1位という最上位評価だったから、上位で消えるであろう西はほとんどマークしていなかった。

ヤクルト3位の福井商業高の中村悠平も良いキャッチャーだった。野本を外していれば伊藤、岩崎を繰り上げる予定だったので、そうなった場合は3位で考えていた。プロでも本当に良いキャッチャーになった。

今も中心選手としてバリバリ活躍しているこの3選手を見ていると、高校生の素材と将来性を見抜き、それを獲得して大きく育てる。そんなことの大切さを改めて思い出させてくれる。

ソフトバンク5位のJR東日本東北・摂津正は26歳での指名となった。社会人野球で地道に努力し、万全な力をつけた投手として「プロで勝負させてやりたい」と思っていた。

中日はこの年のオフにエースの川上がメジャー移籍で退団するが、ピッチャーは世代交代が上手く進んでいた。だからこの年が社会人8年目となる摂津を獲得する予定はなかった。巡り合わせが悪かったという他ない。だが、投手陣が苦しい球団が指名して、目をつぶって使えば1年目から二桁勝てる力はあるぞと思っていたから、摂津の活躍は他球団のことながら嬉しかった。

2009年

不可解な上位指名リクエスト

狐につままれた、指名の連絡

この頃は左の先発が手薄になりつつあり、また高校生の左ピッチャーを長い間獲っていなかったことから、可能性のある高校生左腕を根こそぎ獲りにいく戦略だった。

ターゲットは花巻東高の菊池雄星（現ブルージェイズ）。評価は群を抜いていたから、菊池の1位は落合さんも含めた満場一致で決まった。だが、6球団競合の末に菊池を引き当てたのは西武だった。

外れ1位は菊池の次に評価していた高校生左腕、智弁和歌山高の岡田俊哉を指名した。線が細くてスピードもそんなに出るわけではなかったが、球筋が良く、右バッターの懐にもどんどん投げられた。体ができて体力がついたら面白いという評価だった。2位では岡田と似たタイプの左腕・千葉英和高の小川龍也と福岡大大濠高の左腕・川原弘之を考えていたが、先にソフトバンクが川原を指名したため、小川を指名した。

岡田、川原、小川の3人に共通していたのは細身の左腕ということ。ガッチリした馬力型の左腕は中継ぎ向き、細身な体型の左腕は今中のように先発向きという個人的なイメージがあった。だから細身の左が欲しかったのだ。ちなみに1位で菊池を引き当てていても、2位は高校生左腕を指名する予定だった。

前年の1位指名では強いこだわりをみせた落合さんだったが、この年は上位2人を高校生左腕でいくことには特に何も言わなかった。だが、スカウト部のリストになかったピッチャーの獲得リクエストがあった。

「諏訪部っていいんだろ?　2位か3位で獲ってくれ」

そう言われて我々スカウトはしばらくキョトンとしていた。名前を聞いてもピンとこなかった。

Ｈｏｎｄａの諏訪部貴大は高卒3年目の21歳。光るものがあったとはいえ、まだドラフトにかかる水準ではないというのが我々スカウトの評価だった。だからリストアップもしていない、いわば無名の選手だった。

「監督、どこの球団もリストアップしていない選手ですよ。そんな上位で指名しなくても下位でも指名できますよ」

意外な返答に落合さんも少し驚いた様子だった。

この年は、上位2人は高校生左腕でいき、3、4位で大学生の野手、亜細亜大・中田亮二、東京農大・松井佑介、5位で日本生命・大島でいきたいと考えていた。こういった構想があったため、諏訪部はどんなに早くても6位でしか指名できなかった。逆を言えば6位で十分に獲れる選手だった。

ドラフト当日、落合さんは「本当に6位まで残っているのか？」と心配していたが、無事に指名できると「本当に残っていたね」とほっとした様子だった。

だが問題はここからだった。

諏訪部を指名したあと、Ｈｏｎｄａの安藤強監督に指名挨拶の連絡を入れると「ビックリしました。でも諏訪部は行かないと言っていますよ」という。理由を尋ねると「『約束が違う』みたいなことを言っています。挨拶に来られても会う気はないと言っていますよ」と言う。

狐につままれた心境だった。

スカウト人生で初めて経験した入団拒否

Ｈｏｎｄａに挨拶に出向いても諏訪部は姿を見せなかった。そこを監督さんが「挨拶だけは受けろ」と促して出てきたのだが、終始不貞腐れた態度だったことを覚えている。落合さんは指名順位に関係なく社会人選手には契約金を多めに出してやって欲しいと前から言っていて、その意向も反映した、下位指名にしては高額な契約金も提示した。

それでも諏訪部は態度を変えなかった。お金の問題ではなく、純粋に指名順位の低さ＝評価の低さが不満なのだろうと思った。

数日後、監督さんから「やっぱり本人は行かないといっています」と正式に断りの連絡が来た。落合さんに経緯を説明すると「そうなの。じゃあいいよ」と、随分素っ気ないものだった。本音を言えば、「じゃあ俺が出ようか？」と直接出馬する気持ちくらいは見せて欲しかった。自分が「獲って欲しい」と言ったのだから。

諏訪部はその後、プロに指名されることなく、数年後に社会人野球を引退した。

以前にも書いたが、時には様々な事情から「指名をお願いされた選手」「獲らないといけない選手」がいることもドラフトの一つの側面ではある。それは仕方がない。だが、落合さんは野本のときもそうだったが、「この選手を獲ってくれ」と言いながら、その理由を説明してくれないから困った。下位指名ならばドラフトに影響はないから、理由などは構わない。これまでもそうだった。だが、上位指名となれば理由を説明して欲しいし、それが意見の分かれる選手や無名の選手ならばなおさらだ。

「知り合いが○○大学の××っていう選手が良いって言ってきているが、実際のところはどうなんじゃ？」と、星野さんであれば、名前を挙げる理由を必ず説明してくれていた。理由も言わずに「××を指名してくれ」などと言うことはなかった。

中日で長いことスカウトをやってきて、これまで1人も入団拒否をされたことはなかった。だが、獲る予定もなかった選手を指名させられて拒否をされた。表向きは「下位指名でも来てくれるだろうと思って指名した私のミスです」と私が謝罪をするしかなかった。

「こんな馬鹿な話がありますか？　やってられないですよ！」

そんなふうに球団社長に愚痴をぶつけるくらいしか私にはできなかった。

『WBC派遣ボイコット』で嫌われた中日

ソフトバンクが1位指名した明豊高の今宮健太も高く評価していた選手だった。小柄ながらピッチャーとして150キロ以上のボールを投げていたが、打つほうも良かったので我々もプロでやるならショートだと考えていた。本音を言えば2位で欲しい選手だったが、この年は高校生左腕が最重要ポイントだったし、担当スカウトからソフトバンクが1位でいくらしいと早い段階から聞いていたので諦めていた。

左腕でいえば、地元トヨタには中澤雅人（ヤクルト1位）もいた。だが、このときは評価していなかった。富山商業高、中央大、トヨタと進んだが、期待したような成長が見られなかった。力で押すわけでもなくテクニックでかわすわけでもなく、プロで勝負するにはやや中途半端に思えた。ピッチャーとしてのピークは高校時代で、その頃が評価も一番高かった。

同じトヨタからロッテに1位指名されたのが荻野貴司。郡山高時代から、小さいけれどスピードのある良い選手で関学大に進んだ後もマークしていた。関学大では日本ハムの宮西と同学年だったが、荻野がどうしてもプロに行きたいということであれば、4巡目で指名する可能性はあった。だが結果的にトヨタに進んで正解だった。社会人の2年間で課題だったバッティングが良くなり、大学時代に守っていた内野から外野に転向したことで守備の不安が解消され、足と肩がより生きるようになった。まさか1位指名されるとは思わなかったが、これはロッテの大ヒット指名だろう。「よう1位でいったな」と敵ながら拍手したい気持ちだった。

横浜の単独1位指名となった横浜高・筒香嘉智（現ジャイアンツマイナー）の評価はスカウト内で分かれた。スイングはむちゃくちゃ速かったが、打撃の良い点と欠点がはっきりしていた。打球もライナー性の当たりが多く、典型的なホームランバッターのように「運ぶ」ような弾道ではなかった。コンタクトするのに難しいタイプのバッターであり「難しい打ち方をする選手だなぁ……」というのが私の評価だった。

広島が2位指名した中京大中京高の堂林翔太は、甲子園ではピッチャーとして優勝したが、プロでやるならバッターだと見ていた。うちは3位評価だったから、広島が2位でいったときは「えらい評価が高いなぁ」と思っていた。地元のスター選手だけに欲しかったが、2位で獲られては戦略上、手が出なかった。

この年、中日はWBCへの選手派遣を断ったことが物議を醸した。『WBCボイコット騒動』として世間を騒がせた。

北京オリンピックには中日からも多くの選手を派遣していたが、結果的にメダルを獲得することができず、岩瀬は戦犯のように叩かれ、チームに戻ってきてからもメンタルはズタズタの状態だった。そんな姿を選手達も見ていただろうし、大会期間中に怪我をした場合は誰が保証するのかという点も不明確なままだった。選手にしても参加を希望するには勇気が必要だったと思う。

落合さんもご自身のYouTubeなどで当時のことを振り返っている。それによれば、打診のあった選手達に出たいか、出たくないかを落合さんが直接確認した結果、「できたら断ってください」と選手全員が落合さんに伝え、それを落合さんが球団に報告して、球団から正式に派遣の打診を断ったのだという。

実際のところはどうなのか私はわからない。だが、週刊誌などでは、「中日だけがWBCに協力をしなかった」「落合監督が選手の派遣を拒否した」など、そんなふうに大きく書かれた。「中日に入団するとWBCに出場できない」「有望選手が中日には行きたくないと言っている」そんな書かれ方をしたこともあった。

球団は世論の激しい反発を招き、すさまじいバッシングを受けた。それはスカウト活動とも無関係ではなかった。

「中日ってえらい評判が悪いですね。なんで協力しないんですか？」と、選手を見に行った先でも、関係者に意見されることもあった。

だが、そんな世間の声とは裏腹に、選手やコーチたちは「落合監督の下はやりやすい」と常々言っていた。

落合監督時代は勝ち続けた8年間だった。監督はもちろん、選手もコーチも年俸がものすごく上がっていった。だから『ボイコット騒動』で叩かれ、嫌みを言われることもあったが、それ以上に「中日ってお金を持っていますね。年俸がすごいですよね」と言われることが多かったことも記しておきたい。

そう言われたことも、この年あたりが最後になってしまうのだが……。

こぼれ話

2009年

性格が優しすぎた〝ブーちゃん〟

この年は、3、4、5位が大学、社会人の野手になった。中日の練習は野手なら2時間ずっと打ち続けるようなとんでもない量で、1位クラスの選手ならともかく、中位以降で高校生の野手を獲っても練習についていくのは難しいだろうと考えたからだ。

落合さんに、「こういう選手がいてますけど」と報告すると、大学、社会人選手であれば二つ返事で「獲って」となることが多かった。やはり大学、社会人の選手であれば、厳しい練習についてこられるという考えがあったのだと思う。

3位で指名した中田は、〝ブーちゃん〟と呼ばれたあの体型で足も速く、バッティングは絶対にプロで通用すると思っていた。だが、中田は性格が優しく「良い人」すぎた。人を押しのけてまで「自分が！」というタイプではなかった。「打つことに関しては俺が一番や！」くらいの気持ちでやってくれたら、プロでも違った結果になっていたかもしれないなと、今でも思う。

現在はJR東海でプレーをしているが、「一生懸命に練習をするし試合に出られなくても悪びれる様子もない。良い選手をありがとうございます」と監督さんに御礼を言われたことがあった。プロよりも社会人で活躍するタイプの選手だったのかもしれない。

2010年

心中覚悟、大野ありきのドラフト戦略

系列紙も欺いた1位指名

担当スカウトの米村から「来年の候補選手ですから見てくださいよ」と言われて見たのが、佛教大3年の大野雄大だった。それまでにも何度か見たことはあったが、このときのピッチングが素晴らしかった。

「もう来年は大野やな」と決めた。前年も左腕が欲しくて高校生左腕2人を上位で獲ったが、戦力になるにはまだ時間がかかる。やはり即戦力の左腕も欲しかった。

翌春のスカウト会議でも「大野でいこう」と正式に決まった。6月の大学選手権でも好投を見せた大野はドラフト注目ピッチャーの1人となった。だが、夏になって肩を故障し、それ以降投げられない状態が続いた。

米村が調べたところでは「手術するような状態ではない」ということだったが、「もしかしたら阪神が2位で指名するために本人に怪我だと言わせているかもしれない」と我々は疑っていた。だから大野の指名から降りるつもりはなかった。私は米村に言った。

「大野1位でいくぞ。単独でいけるか?」

「ずっと投げていませんから間違いなく単独でいけると思います」

「間違いないか?」

「間違いないです!」

米村も言い切った。

「中日は中央大・澤村拓一を1位」という報道もあったがこれは完全に間違い。我々は大野でいくことを隠していたから誰を狙っているのかスポーツ紙もわかりかねていた。巨人入りを熱望する澤村は半ば逆指名する形で他球団をけん制していた。そういったことがあったからスポーツ紙が「中日が澤村を指名して横やりを入れるようだ」と憶測で書いただけ。だが、結果的にこれが良いカムフラージュとなって我々には好都合だった。

大野の1位はトップシークレットだった。なぜなら中日が大野でいくことがわかってしまえば、他球団に「なんだ、大野の肩は大丈夫なのか!」と気付かれてしまい指名が競合する恐れがあったからだ。秘密は徹底され、中日新聞の系列スポーツ紙でさえ、ドラフト当日に『中日は澤村1位』と書いたほどだった。

「来年1年は棒に振るかもしれませんが、間違いなくモノはいいので大野でいきたいと思っています。手術する必要はないのでプロで鍛えれば1年目の最後のほうには投げられるかもしれません」

そんな報告をすると、落合さんも了承してくれた。

実際、大野の肩は悪かった。だが全く投げられないほどの状態ではなかった。リハビリをして春先から体を作っていって夏頃には投球ができるという見立てだった。米村が徹底的に調べてくれていた。

大野は単独でいけるという自信があったからこそ指名した。米村には何度も、「絶対に単独でいけるんだな?」と確認をした。「いけると思います」という曖昧な返事をしようものなら『思います』じゃアカンねん!」と厳しく一喝した。米村には今でもそのときのことを「あのときの脅しにはドキドキしましたよ」と言われるが(笑)。だから大野が競合した場合の外れ1位など全く考えなかった。大野ありきのドラフト戦略。大野と心中する覚悟だった。

そこまでして指名したのだから米村にも大野に対する思い入れが人一倍あった。入団後、2年目のキャンプだっただろうか。ブルペンで腕を振れずに怖々投げている大野を見て、

「目一杯投げろ！　そんなに腕を振るのが怖いなら辞めてしまえ！」

「お前が大学時代に投げていたボールはそんなもんじゃないだろう！」

そんな厳しい口調で大野を叱咤していた。「大野の肩は大丈夫です」と言って獲った手前、米村にもなんとか大野を一人前にしないといけないというプレッシャーが相当あったと思う。入団後もよく大野の面倒を見てくれた。


無事単独で指名した後、大野のもとへ指名挨拶に出向いたときのことは今も忘れられない。大野は「ありがとうございます!!　指名してくれるなら中日さんだと思っていました！」と言ってくれた。理由を尋ねると「米村さんがうちの監督や部長のもとへ何度も訪ねてこられて、肩の状態とか、僕のことを根掘り葉掘り聞いていたそうですので」と言う。

「こんな僕をよく ぞ1位で指名してくれました！」と本人は大喜び。気持ちの良い指名挨拶になった。

4年でクビになった背番号3

この年の最大の話題は早稲田大の斎藤佑樹（日本ハム1位）だった。球団上層部から「佑ちゃんはどうなの（指名しないの）？」という話もあった。だが「あるピッチャー（大野）がどうしても欲しいんです」と話して理解してもらった。

斎藤が一番良かったのは高校2年秋の神宮大会だったと思っている。スピードもあるし良いピッチャーだと思った。翌春のセンバツに出場したときはスピードがあまり出ずにちょっとクエスチョンマークがついたが、夏の甲子園では社会現象になるほどの活躍を見せて大スターになった。高卒でプロ希望していても1位で競合していたと思う。早稲田大進学後も注目が集まるなかで結果を残したのはさすがだったが、肩、肘の疲弊が気になった。典型的な高校時代に投げすぎたタイプだったと思う。

この年一番の話題が斎藤なら、一番の人気になったのは6球団が競合したチームメイトの大石達也（西武1位）だった。福岡大大濠高のときから素晴らしい選手だと思って見ていたが、早稲田大に入ってからもショートを守るなど投打に素晴らしい才能を発揮していた。それが4年になってからだったか、投球フォームがおかしくなった。テイクバックの腕の使い方がギクシャクしだしたのだ。「ちょっとこれは怖いなぁ」と思った。正直、プロに進むなら野手のほうが可能性はあると思った。

ヤクルトの外れの外れ1位が履正社高の山田哲人。面白い素材ではあったが、あの体であんな大きなスイングをしていたらプロでは難しいのではないかと見ていたし、足もあるからプロに入ったらアベレージヒッタータイプになるだろうと思っていた。ヤクルトのすごいところは山田のスイングをイジらずにあのままやらせて育てたことだ。

中日にはそんな山田よりも評価していた高校生内野手がいた。ＰＬ学園高の吉川大幾だ。遠くへ飛ばす力は山田に及ばなかったが足は吉川が上だった。山田よりも吉川のほうがプロで通用する確実性が高い、失敗する要素も小さいと思った。『ＰＬのショート』という信頼感もあった。だから仮に2位で2人が残っていても我々は吉川を指名していた。

吉川の背番号はＰＬの大先輩・立浪がつけていた3番。球団の期待はもちろん大きかった。だが、ＰＬのショートらしからぬというか、チョンボの多い選手だった。ちょっと抜けたところがあるというか、おっちょこちょいな性格だった。良いモノは持っていたのだが、ベンチから見ていて怖い、危なっかしい面が最後まで改善されなかった。そういった部分が谷繁監督、落合ＧＭは気に食わなかったのかもしれない。4年で戦力外通告をされてしまった。

打てなくてもバントなら確実にできる、右ピッチャーは打てなくても左ピッチャーなら打てるなど、「派手さはなくても計算できる選手」であれば、将棋の駒のように試合で使ってもらえる場面がある。例えば、一死三塁で内野が前進守備を敷いていなければ内野ゴロで確実に点が入る。落合さんはこういう場面では内野ゴロを確実に打てる選手を代打でよく起用した。だからプレーに計算が立たない吉川は駒として使える場面がない。

素行などに問題はなかったから、「うちにいてもチャンスはない」と早めに判断をされたのではないかと思う。

柳田と秋山、千賀の指名見送り

ソフトバンク2位の柳田悠岐も欲しい選手だった。広島経済大時代に、強烈に高く上がるホームランを見たことがあった。ものすごい打球だったが、あのアッパースイングがプロではちょっと難しいかもしれないと思った。肩も足もあり体のサイズもあったので大化けしたら面白いなと思った。2位で獲ろうと思えば獲れたのだが、中日の2位は吉川で決まっていたから、獲るなら3位だった。素材は面白いから欲しい球団は3位までに獲るかもしれないと思っていたら、吉川の次、2位指名の最後でソフトバンクが指名した。

「なぜ獲らなかったんだ!」と結果論では言えるものだが、前年に4位と5位で松井と大島の2人、その前年は1位で野本と即戦力の外野を3人(大島と野本は柳田と同じ左打ち)も獲っていたから、外野よりも内野を優先したいという事情もあったのだ。

西武の3位、八戸大の秋山翔吾(現広島)も、担当スカウトの山本がかなり高評価をしており、

「秋山のバッティングがいいぞ」とずっと言っていた。実際に自分が見ても良い選手であることは間違いなかったが、柳田の指名を見送った理由と同じで秋山も左打ちの外野だった。仮に柳田と秋山のどちらかが内野だったり、右打ちだったら獲っていたかもしれない。こればかりは巡り合わせが悪かったという他ない。

もう1人、触れておきたい選手がいる。今年からメジャーリーグで活躍している千賀滉大（ソフトバンク育成4位／現メッツ）だ。夏の大会前に担当スカウトの水谷さんにこんなことを言われた。

「今年は育成枠を使う予定はありますか？　1人気になる選手がいるんですよね」

水谷さんが「まだ線が細いけど面白い」と気になっていたのが蒲郡高（愛知）の千賀だった。だが、残念ながらこの年は育成枠を使う予定はなかった。

私は千賀のことは全く知らなかった。

「では夏に一緒に見に行きましょうか？」と言ったが、水谷さんは「育成指名の枠があれば獲りたいが、本指名で獲る自信はない」と言い、話はそこで終わってしまった。

「水谷さんがそこまで言うなら育成で獲りましょう」と私が言っていれば、もしかしたら千賀を獲っていたかもしれない。もちろん、中日が獲ったからといって、千賀があれほどまでに育った保証などはないのだが。ただ、水谷さんのアンテナにはしっかりと引っかかっていたことは記しておきたい。

スカウトがどうしても気になる選手がいれば、育成枠を使ってでも獲らないといけないなと思ったのは、千賀がソフトバンクで活躍してからだ。

この年が落合さんの「監督」としての最後のドラフトになった。翌シーズンに球団史上初のリーグ連覇を成し遂げながらも解任されてしまったからだ。解任された2年後にはＧＭとして再び戻ってくることになるのだが、それはまた改めて振り返りたい。

落合博満監督時代に指名した選手

2003年			
1巡	中川裕貴	内野手	中京高
3巡	石川賢	投手	八戸大
4巡	佐藤充	投手	日本生命
5巡	中村公治	外野手	東北福祉大
6巡	堂上剛裕	内野手	愛工大名電高
7巡	川岸強	投手	トヨタ自動車
8巡	小川将俊	捕手	日本通運

2004年			
自由	樋口龍美	投手	JR九州
2巡	中田賢一	投手	北九州市立大
4巡	川井進	投手	日本通運
5巡	鈴木義広	投手	中部大
6巡	石井裕也	投手	三菱重工横浜クラブ
7巡	中村一生	外野手	国際武道大
8巡	小山良男	捕手	JR東日本
9巡	金剛弘樹	投手	日本通運
10巡	鎌田圭司	内野手	トヨタ自動車
11巡	澤井道久	内野手	東海理化
12巡	普久原淳一	外野手	法政大

2005年			
高校生1巡	平田良介	外野手	大阪桐蔭高
高校生3巡	春田剛	外野手	水戸短大付高
高校生4巡	高江洲拓哉	投手	都府中工高
高校生5巡	金本明博	投手	酒田南高
希望	吉見一起	投手	トヨタ自動車
3巡	藤井淳志	外野手	NTT西日本
4巡	新井良太	内野手	駒澤大
5巡	柳田殖生	内野手	NOMOベースボールクラブ
6巡	齊藤信介	投手	NTT西日本
7巡	佐藤亮太	投手	國學院大
育成1位	竹下哲史	内野手	名商大
育成2位	加藤光教	投手	法政大卒

2006年			
高校生1巡	堂上直倫	内野手	愛工大名電高
高校生3巡	福田永将	捕手	横浜高
希望	田中大輔	捕手	東洋大
3巡	浅尾拓也	投手	日本福祉大
4巡	菊地正法	投手	東邦ガス
5巡	岩崎達郎	内野手	新日本石油ENEOS
6巡	清水昭信	投手	名城大
7巡	西川明	内野手	法政大

2007年			
高校生1巡	赤坂和幸	投手	浦和学院高
高校生3巡	樋口賢	投手	尾道商高
1巡	山内壮馬	投手	名城大
3巡	谷哲也	内野手	日立製作所

2008年			
1位	野本圭	外野手	日本通運
2位	伊藤準規	投手	岐阜城北高
3位	岩崎恭平	内野手	東海大
4位	高島祥平	投手	帝京高
5位	岩田慎司	投手	明治大
6位	小熊凌祐	投手	近江高
7位	井藤真吾	外野手	中京大中京高
育成1位	加藤聡	外野手	大阪産業大
育成2位	小林高也	外野手	東京弥生クラブ

2009年			
1位	岡田俊哉	投手	智弁和歌山高
2位	小川龍也	投手	千葉英和高
3位	中田亮二	内野手	亜細亜大
4位	松井佑介	外野手	東農大
5位	大島洋平	外野手	日本生命
6位	諏訪部貴大	投手	Honda(入団拒否)
7位	松井雅人	捕手	上武大
8位	吉田利一	捕手	奈良産大
育成1位	矢地健人	投手	高岡法科大
育成2位	赤田龍一郎	捕手	愛知大

2010年			
1位	大野雄大	投手	佛教大
2位	吉川大幾	内野手	PL学園高
3位	武藤祐太	投手	Honda
4位	森越祐人	内野手	名城大
5位	関啓扶	投手	菰野高

第二次・高木守道監督時代に指名した選手

2011年			
1位	高橋周平	内野手	東海大甲府高
2位	西川健太郎	投手	星稜高
3位	田島慎二	投手	東海学園大
4位	辻孟彦	投手	日体大
5位	川崎貴弘	投手	津東高
6位	宋相勲	投手	韓国・信一高

2012年			
1位	福谷浩司	投手	慶応大
2位	浜田達郎	投手	愛工大名電高
3位	古本武尊	外野手	龍谷大
4位	杉山翔大	内野手	早稲田大
5位	溝脇隼人	内野手	九州学院高
6位	井上公志	投手	シティライト岡山
7位	若松駿太	投手	祐誠高

COLUMN

高木守道監督時代①

2011年

周平に託したかった中日の未来

落合さんの後を受けた高木さんは第一次政権時代（92〜95年途中）と同様に「あんたらの思うとおりにやって」とスカウティングには一切口を挟まない人だった。

この年に1位で指名したのは東海大甲府高の高橋周平だった。夏の山梨大会でホームランを見て、担当スカウトの正津に「今年は高橋でいくぞ！」と話した。

チームは球団史上初のリーグ連覇を成し遂げていたとはいえ、中心選手の谷繁が40歳、井端が36歳、荒木が34歳、森野が33歳。世代交代は待ったなしの状態だった。

「落合さんが監督だから勝てているけど、いなくなったらどうなるんだ……」という危惧も長くあったから、3球団競合で高橋を引き当てたときはほっとした。燻っていた直倫の刺激にもなるだろうし、周平と直倫がこれからの中日の中心になっていく、そんなチームの青写真を描いたものだった。

翌春のキャンプでは評論家たちも「反対方向にも大きいのが打てる」と周平を大絶賛。数年後には絶対に3割30本を打つバッターになると信じて疑わなかった。だが、高木さんは周平の自主トレからキャンプでのバッティングを「良いモノを持っているけどね」と、どこか不満げな様子で見ていた。「どこか気になることがありますか？」

と聞くと、まだ時期が早いからかもしれないけどと断った上で「内角がさばけない可能性があるね」と指摘していた。もちろん、それはこれからプロで練習を積んでいくことで改善されるだろうという話ではあったが、「あの打ち方じゃ手が出ないんだよね」と言っていた。

高木さんの不安は当たってしまった。周平は甘いホームランボールに手が出ない。ことごとく見逃す。それは技術以前のバッターとしての本質の問題。今はそのボールを無理に打ちにいって余計に打てなくなってしまっているように見える。

一度だけ3割を打ったことがあったがそんなのは持っている力からしたら当たり前。自己最多ホームランが11本で二桁ホームランがその一度だけというのも信じられない。

まだまだ老け込む年ではないのだから、周平のこれからの奮起に期待したい。

2位の星稜高・西川健太郎も次世代の中心選手にと期待して指名したピッチャーだった。西川は体格、フォームからしてピッチャーらしいピッチャーで、しなやかさがありボールにも伸びがあった。だから2位のウェーバー最後に残っていたときは喜んだ。周平を外していれば西川を繰り上げていたかもしれない。それくらいのピッチャーだった。

1年目には1軍で投げ、投球回は少なかったが光るものを見せてくれた。それが期待の大きかった2年目から急にボールがこなくなり、5年であっさり戦力外通告を受けてバッティングピッチャーに転向した。まだ若く、持っている素材も良かったので「プロに戻るつもりでバッティングピッチャーをやれよ」と声をかけたことを覚えている。

東海学園大の田島慎二は、ずっとリリーフをやっていて先発で投げているところを見たことがないピッチャーだった。だがドラフト直前の試合で先発登板するとリズム良く投げて好投した。この好投を見て他球団の評価が上がった。「3位でないと獲れない」と判断し、予定より順位を上げて3位で指名した。

獲るべきだった「打てる」選手

広島2位の中京学院大・菊池涼介は、守備に俊敏さがあり良い選手だと思ったが、ちょっと危なっかしく見える部分があったため上位で獲ろうという考えはなかった。だがプロ入り後の活躍を見ていると、すばしっこいどころか守備はまるで忍者。なるほど、広島が2位でいった理由もよくわかった。

日本ハム4位の横浜高・近藤もかなり評価していたバッターだった。担当スカウトの石井さんとは「キャッチャーとしては無理だけどバッティングは良いよねぇ」と何度も話していた。だが下位で残っていたら、という評価だった。「キャッチャーがダメなら外野で」といってもうちは広いナゴヤドーム。やはりそこがちょっと引っかかった。

同じ日本ハム6位の専大松戸高・上沢直之は線が細くスピードももう一つというピッチャーだった。それでも腕の振りが柔らかく、角度のあるボールの質が素晴らしかった。コントロールはそこまで精密ではなかったが、体が出来上がれば良くなるだろうと考え、下位で残っていれば欲しかった。かなり印象に残ったピッチャーだった。

ロッテ4位の関西国際大・益田直也。私が見たときは調子が悪くてスピードが出ていなかったが、担当スカウトの米村は「良いときはもっと球速が出るんですけどね。上から投げたり横から投げたり、ちょっとフォームが安定していないんですよね」と話していた。本来もっと評価は上だったと思う。フォームが安定していないことで評価が下がって4位で獲れたのだろう。

楽天6位の明治大・島内宏明も打撃に魅力のある選手で印象に残っている。出身は星稜高だし、中日との縁も感じていた。だが指名するには勇気がいった。これは先ほど話した近藤と同じパターン。守備、足を気にして「ドーム向きではない」と考え、こういった打てる選手を獲ってこなかった。こういったことが、その後の中日の打撃の弱さに繋がっていた。私自身が深く反省をしないといけないと思っている。

早くに諦めた大谷の指名

前年に1位で高橋周平を獲得できていたことから、これから数年の1位はピッチャーでいいなと考えていた。それくらい周平を獲得できたことは大きかった。

この年の1位は慶応大の福谷浩司。愛知の超進学校・横須賀高のときから145キロを投げ、担当スカウトの水谷さんがずっとマークを続けていたピッチャーだった。4年春に内転筋を痛めてほとんど投げていなかったが、秋になって復活すると150キロを超えるボールを投げていた。亜細亜大の東浜巨（ソフトバンク1位）、大阪桐蔭高の藤浪晋太郎（阪神1位／現オリオールズ）と迷っていたが、このボールを見て「今年は福谷でいこう」と決まった。

藤浪はセンバツ優勝後、2カ月くらい投げていなかった。「ストライクが入らなくなった」という噂もあったが、6月に試合を見に行ったときはビシビシとすごいボールを投げていた。担当スカウトの米村は「たまにストライクが全く入らなくなることあるんです。指名するのはちょっと怖いんですよね」と慎重だった。

藤浪は夏の甲子園でも優勝。プロ入り後も3年連続で二桁勝利を記録するなど順風満帆だった。だが、その後は米村が言っていた不安が不幸にも的中した形になってしまった。

花巻東高の大谷翔平（日本ハム1位／現エンゼ

ルス）は早くからメジャー希望を公言していた。佐々木洋監督はどこかの球団と密約などするような人ではないので、これは本気でメジャー希望なのだなと、中日は早くから諦め、「どこも指名せずに残っていたらダメ元で最後に指名をしようか」という程度だった。仮に大谷がプロ志望だったら間違いなく1位で指名した。投打どちらで評価するのかは難しいところだったが、私はバッターのほうが良いと思っていた。2年のときの練習試合で見た、力感なく振った打球がバックスクリーンを越えていったホームランは桁外れのすごいバッティングだった。

ピッチャーとしては、ボールは速かったがアウトコース低めにビシビシ投げられるようなタイプではなかった。しかし「160キロを出せるのにピッチャーをやらせないのか？」と言われると判断に迷った。

日本ハムが指名したときは素直に「すごいな」と思った。拒否されるかもしれないが、それでもできる限りのことを尽くそうという姿勢を見て、「残っていたらダメ元で指名をしようか」と言っていた自分を恥ずかしく思った。二刀流育成プランなど、自分たちが考えてもいなかったことを提案している姿にも感心させられた。

自分の首を絞めた則本の紹介

3位で指名した龍谷大の古本武尊は本来1位で消える選手だった。背は低いがパワーがあり、往年の門田博光選手（元ダイエーほか）のようなバッターだった。しかし自打球を目に当ててしまい、それが重症で評価を落としていた。一時は失明の危険性もあったなか手術は成功し、目は大丈夫と判断して指名した。ただ視力は戻ったものの、動体視力が最後まで戻らなかった。肩も「鬼肩」という表現がぴったりの強肩だっただけに、怪我が惜しまれた選手だった。

4位の早稲田大の杉山翔大は、東京六大学で三冠王を獲るなどバッティングが良かった。大学の途中でキャッチャーから内野手に転向していたが、東総工業高（千葉）時代は世代屈指の強肩キャッチャーと言われ、私にはそのときの印象が強く、思い切ってキャッチャーとして指名した。プロでは一時、正捕手の座をつかみかけたが、これからというときに何度か怪我をしてチャンスをモノにできなかった。

7位で指名した祐誠高（福岡）の若松駿太は担当の渡辺スカウトが見出したピッチャーだった。スピードはなかったが勝負球のチェンジアップを使ったテクニックとコントロールが良く、ピッチャーセンスが抜群だった。ストレートと同じ腕の振りからチェンジアップを投げられるのが最大の魅力でプロ入り3年目には二桁勝った。だが翌シーズン以降はチェンジアップを狙い打たれ勝てなくなった。今はBCリーグで頑張っている。

楽天2位の則本昂大は日本生命に就職が決まっていた。実は日本生命に紹介したのは私なのだ。日本生命のスカウトは私の大学の後輩。春に東京六大学の試合を見ているときに偶然会って話をした。「誰か良い選手はいないですか？」と言うので、「ぶん投げだけどボールは来る。面白いぞ」と、三重中京大の3年だった則本を薦めた。その年の秋に再び会うと、「中田さんありがとうございます！　則本に決めました」と礼を言われた。こうして則本は4年になって早々に日本生命への就職が内定した。だが、そこから各球団の則本への評価が一気に上がっていった。もともと良かった投げっぷりに磨きがかかり、危なっかしさのあったボールもビシビシと決まりだしたのだ。

「もうウチに決まっていますからね！」と後輩には釘を刺された。私も今さら「やっぱりウチが獲る」とは言えない。「余計なことをしてしまった……」と後悔するしかなかった。

則本本人はどうしてもプロに行きたがっており、何度も会社にプロに行きたいと話をしていたそうだ。

最後は楽天が日本生命と喧嘩覚悟で則本を2位で指名した。もしかしたら、監督だった星野さんが「最後はワシがなんとかする」と強引に指名させたのかもしれない。

ヤクルト2位の創価大・小川泰弘は福谷が競合した場合の外れ1位で考えていた。成章高（愛知）でセンバツに出たときから小さいけど良いピッチャーで、下位で欲しいと思っていたが、大学でボールが一気に速くなって評価も上がっていた。

この年は戦略上、2位の愛工大名電高・濱田達郎は動かせなかったので、小川が残っていれば3位で指名するつもりだった。

広島2位の二松学舎大付高・鈴木誠也（現カブス）はピッチャーとしてはちょっともの足らなかったがバットコントロールが良く、打者として面白いと思った。上述したように、中日はピッチャーを上位指名する方針だったから鈴木とは縁がなかった。

この年は慶応大と早稲田大の選手を指名した。中日がこの二つの名門大から選手を指名したのは随分と久しぶりのことだったらしい。関係が悪かったということは一切無い。たまたま間が空いてしまっただけの話だ。

第四章
落合GM時代のドラフト

2013-2016年

2013年

GMとしてやらざるを得なかった汚れ仕事

谷繁新監督が気に入った高校生右腕

12年ぶりとなるBクラスに転落したシーズンのオフ、落合さんがGMとして2年ぶりに球団に戻ってきた。そこにネガティブな感情はなかった。この仕事をされてみることで現場スカウトの苦労もわかっていただけるだろうし、元から現場の人間も一度はスカウトを経験するべきだと思っていたので、むしろ歓迎だった。

落合さんには早々に「(自分は) 大学、社会人を重点的に見るから高校生はスカウトで見てくれ。その都度報告してくれ」と言われた。そして「高校生は獲らないとは言わないから心配するな」とも言われた。この言葉には正直ほっとした。

落合さんのGM就任はチームを強化するという目的ももちろんあったと思うが、上がりまくっていた人件費の抑圧、コストカットが一番の任務だったのではないだろうか。球団経営の厳しさは私も感じていた。白井文吾オーナーは、落合さんの唯一の後ろ盾のような存在だった。これは私の憶測だが、そんなオーナーから誰もが嫌がるコストカットの仕事を依頼されれば落合さんも断れなかったのではないだろうか。

落合さんは自分が泥を被る形で大胆なコストカットを断行していった。ドラフト後には大幅な減俸を提示された井端が退団した。新人選手も容赦なく限度額いっぱいの減俸を提示された。落合さんにしかできないやり方だった。

この年は春先から1位は桐光学園高の松井裕樹（楽天1位）で考えていた。体は大きくないものの腕がよく振れてスライダーのキレが抜群、ストレートも良い。前年夏の甲子園での投球も強烈だった。間違いなくプロで通用する素材で1年目から使えると思っていた。だが抽選は必至。外れ1位も考えておく必要があった。

何人かの候補者のなかから、就任まもない谷繁監督が「これは良い投げ方していますね」と気に入ったのが聖隷クリストファー高(静岡)の鈴木翔太だった。春先に右肘を故障していたが、故障がなければばいの一番に名前が挙がっていたかもしれないピッチャーで、まだ非力でも良いボールを投げていた。ただ広島をはじめ、複数球団がマークをしていたので外れでも競合する可能性はあった。すると谷繁監督は「松井じゃなくて鈴木が1位でいいじゃないですか」と言い出した。谷繁監督は松井に関しては半信半疑のようだった。「松井は間違いなくプロで活躍する、鈴木は故障がちょっと怖い」と話して、松井を1位、外した場合は鈴木ということで納得してもらった。だから松井を抽選で外したときは「御の字ですよ」と谷繁監督は喜んでいた。

落合さんはGMに就任したばかりだったから「今年は松井でいきます」という報告に対しては「わかった」と言っただけ。「高校生はわからない」と日頃から言われているから、松井のことも鈴木のことも何も口出しはしなかった。谷繁監督に「外れ1位はお前が好きな選手を選べ」と言ったくらいだった。

驚かれた、独立リーガー又吉の2位指名

この年は、上位でピッチャーを2人、3位ではキャッチャーを獲るという戦略を考えていた。「ポスト谷繁」も待ったなしの状況ではあったが、それよりもピッチャーを最優先でいこうとなった。キャッチャーでは西武が大阪桐蔭高の森友哉(現オリックス)を1位指名した。バッティングは間違いなく素晴らしいものがあったが、キャッチャーとしてはちょっと時間がかかるなと見ていた。そもそも1位でなければ獲れない森の指名は、この年の戦略上、初めから諦めていた。

2位で指名した香川オリーブガイナーズの又吉克樹（現ソフトバンク）は四国アイランドリーグplusで良いボールを投げていた。環太平洋大時代までほとんど肩を使っておらず、卒業後に急激に球威、球速が上がったピッチャーだった。体を移動させながら軸回転する体の使い方も理にかなっていた。バッターからはボールの出所が見えないし、これはプロのバッターが嫌がるだろうなと思った。

西田真二監督（現セガサミー監督）に「間違いなく指名する」と伝えると、「育成はダメですよ！」と釘を刺されたが、又吉が育成はあり得ないと思っていた。だから2位という高評価は大いに喜ばれた。他球団も評価していたようだったが、どこも上位では考えていなかったようで、中日の2位指名には驚いていた。だが実力的にも上位の力を持ったピッチャーだったから、我々は2位という評価になった。そこは落合さんも谷繁監督も異論無しだった。

この年、3位で狙っていたキャッチャーは3人いた。1人は担当スカウトの米村が同志社大時代から追いかけていた日本生命・小林誠司。その小林は巨人が外れ1位で指名した。もう1人も米村の担当した大商大の桂依央利。桂は中日とは縁のある選手だった。当時はプロアマ交流という制度があり、大学、社会人の選手がプロのキャンプに参加していたのだが、桂は中日のキャンプに参加したことがあった。そのときに手取り足取り桂に教えたのが谷繁監督だった。

「大学で良くなっているよ」と話すと「じゃあ僕が教えたことが身になったんですね」とまんざらでもない様子だった。桂は肩も良くてバッティングも勝負強かった。もう1人が花咲徳栄高の若月健矢（オリックス3位）だった。私は肩がありパンチ力もある若月のほうが伸びしろはあると思ったが、谷繁監督は若月のビデオを見て「足首の硬さが気になる」と言った。経験上キャッチャーで足首が硬いとプロでは怪我が多くなり苦労するのだという。最終的に谷繁監督から「高校生キャッチャーは時間がかかる。それなら桂でいってください」ということで桂になった。

4位のJR東日本・阿知羅拓馬は「高卒3年目の伸びしろのある社会人ピッチャー」を落合さんが希望して、何人か名前を挙げたなかから落合さんが選んだ。前にも書いたが、落合さんは日本通運とJR東日本の選手を好む傾向があった。所属を聞くと「あ、その選手でいって」という感じだ。

5位で指名したトヨタの祖父江大輔は、愛知大のときはボールは速いのにいつも打たれていた。トヨタに入っても、力任せのピッチングで、プロに指名されないままこの年が社会人4年目。多分この年はプロを諦めていたと思うが、諦めてから良いボールがいきだした。プロを諦めると余計な力が抜けて良いボールがいきだすピッチャーがいる。祖父江はその典型だった。トヨタに打診をしたら「どうしてもプロへ行きたい、条件も何もいらないと言っていますから獲ってやってください」という。この心意気が気に入った。「よし！　ならいっぺんプロで勝負させてやろう！」と思わせてくれたピッチャーだった。

リーグ戦でほとんど投げなかった九里

広島が2位指名した亜細亜大の九里亜蓮は、力のあるピッチャーだったが大学時代はほとんど投げていなかった。「ほとんど投げないピッチャーですけど、力のあるボールを投げるから見てください」と担当スカウトに言われてトヨタとの練習試合を見に行ったことがある。そのときのピッチングが素晴らしかった。ボールに角度があり落ちる球も投げる。思っていた以上に良かった。落合さんも九里をどこかで見ていたようで、「九里っていうピッチャー、良いだろ？」と聞かれたこともあった。

だがすぐに疑問がわいた。あんなに良いピッチャーなのにリーグ戦ではほとんど投げていないのはなぜだ？　担当スカウトも「何度見に行っても投げない」と首を捻っていた。結局チャンスがあれば当日指名しようという話になっていたのだが、広島が2位で指名した。

ここからは勝手な想像だが、九里の素材をいち早く評価した広島が、早々に上位指名を約束して「リーグ戦で無理して投げなくていい」みたいな話になっていたのではないか。うちは4位くらいで欲しいと思っていたが、実力的にはやっぱり2位以上でなければ獲れないピッチャーだった。広島にしてやられたと思っている。

巨人3位の広島新庄高の田口麗斗（現ヤクルト）は、体は小さくても活きの良いピッチャーだった。瀬戸内高の山岡泰輔（2016年オリックス1位）と決勝戦で投げ合って話題にもなった。2人ともプロで活躍しているが、どちらに魅力を感じたかと言われると困る。両者とも体は小さかったが良いピッチャーだったからだ。ただ3位という田口の評価の高さには驚いた。

瀬戸内高の副部長は日体大時代の同級生。「見に来て評価を聞かせて欲しい」というので6月に行われた岡山での招待試合を見に行った。やはりスライダーが絶品だった。170センチそこそこの華奢な体でよくこんなボールが投げられるなと思った。聞けば、東京ガスから話が来ているが本人はプロに行きたいと言っているという。「どこも指名しないならうちが獲るわ」と伝え、一番下のほうで獲ろうと思っていた。それが夏の甲子園に出て大活躍。投球を見たダルビッシュがTwitter（現X）で絶賛するなど話題にもなった。そうしたら東京ガスが山岡を絶対に欲しいとなり、それで我々は山岡の指名を諦めた。

富士大の山川穂高は、担当スカウトの山本が早い段階から絶賛していた。下級生のときから

「何がなんでも絶対に獲らないといけない選手」と私自身も思っていた。だが4年になってからタイミングのとり方を変えたのか、山川らしさが消えていた。バッティングに全く魅力がなくなっていたのだ。この年は山川の他に、日本生命・井上晴哉（ロッテ5位）、創志学園高・奥浪鏡（オリックス6位）、この3人の巨漢スラッガーのうち1人は獲りたいと考えていた。そのなかで最も高く評価したのが山川だったのだが、西武が2位で指名した。松井稼頭央のときから、西武には私が考えていた順位の一つ上で狙った選手を先に獲られた思い出ばかりだ。

スカウトという職から一歩離れて振り返ってみれば、「絶対に獲らないといけない選手」と思いながら、こうやって打つことに特化した選手の指名から逃げてしまっていた。思い切って指名にいっていなかった。そういったことが多々あった。今改めて自省している。

2014年

上手くいかなかった、全員即戦力狙いの指名

自信を持って推せなかった上位指名

ドラフト前日にホテルで行われたスカウト会議の合間、私は谷繁監督からたばこ休憩に誘われた。

2人きりになった喫煙スペースで、冗談とも本気ともわからない感じで谷繁監督にこう言われた。

「中田さん、どうにかしてくださいよ」

どうも落合さんが主導して人選を進めるドラフト候補の顔ぶれに納得できてないようだった。

「なら自分で『この選手が欲しいです』って伝えたらいいでしょ」

「言えないですよ。中田さん言ってくださいよ」

以前までのスカウト部長と監督という関係であれば私も落合さんに強く意見もできた。だが、今はそんなことは言えない。スカウト部長の自分にとって、GMの落合さんは上司に当たるからだ。

谷繁監督の1年目は2年連続のBクラスとなる4位だったが、シーズン途中から監督とGMの関係は上手くいっていなかった。

この年のドラフトは中日ファンのなかでも悪名高いそうだ。全員即戦力狙いでいって誰もそうならなかったのだから仕方がない。この年の失敗がその後の長期低迷の要因になっているのではないかという声も聞く。それも否定できない。

自分の中では、1位、2位で獲得した2人のピッチャーが全く活躍できなかったことが特に堪えた。

この年、スカウト部が評価していたのは早稲田大の有原航平（日本ハム1位／現ソフトバンク）と亜細亜大の山﨑康晃（DeNA1位）だった。総合的には有原が一番。体のサイズがあって馬力もある。広陵高時代から評価も高く、先発として面白いと思っていたが競合は必至だった。山﨑はスライダーがよくて計算のできるタイプ。ハートがあるのも魅力だった。山﨑なら単独で獲れる可能性も高かった。

私はこの2人を推したが、落合さんは「もっと大化けしそうなやつはいないか？」とあまり評価していないようだった。

1位指名することになる三菱日立パワーシステムズ横浜の野村亮介は、春先に見たときには良いボールを投げていて、都市対抗でも好投した。落合さんも投球を見て「いいね」と気に入っていた。ただ、秋に見に行ったら全然ダメ。ボールが全く来ていなかったのだ。

ドラフト直前のスカウト会議で「野村はちょっと自信がないです。やっぱり有原か山﨑でいきましょう」と報告した。だが落合さんは「その2人を外して考えてよ」という。仕方なく、新日鉄住金の左腕、横山雄哉（阪神1位）をもう1人の候補として挙げた。横山もボールが速くて素材的には魅力があったがストライクを入れるのに苦労するタイプだった。このときは肩か肘に故障も抱えていた。落合さんは「野村か横山の2人で多数決をとってくれ」と言う。

私は野村の良い状態のときは知っていたものの横山の良い状態は見たことがなかった。「だったら野村でいきましょう」ということで、この年の1位は野村に決まった。

秋の不調は引っかかったが、それでも本来の野村はストレートが良く、日本代表に選ばれるなど素材的にも面白いものは持っていた。落合さんのなかでも「高卒3年目の社会人」という部分、伸びしろを評価したのだと思う。

だが入団直後、自主トレですぐに向こう臑《すね》を怪我した。高校時代に骨折したこともある箇所で、それは入団前から知っていたし、トレーナーにも古傷があることは伝えていた。本人は「もう大丈夫ですから」と言っていたのだが、これが致命傷になった。

怪我が治りきっていない状態でキャンプに入り、投球をしてみたらボールがさらに走らなくなっていた。ヘッドコーチの森繁和さんも1週間は黙って見ていたが、たまらず私に「いつになったら良くなるんだ?」と聞くほどだった。本人に「どこか痛いんか?」と聞いても「大丈夫です」と繰り返す。結局、怪我をかばって無理をして投げていたから肩も故障し、選手寿命を縮めることになった。

2位の九産大の変則左腕、浜田智博も大学選手権のときはボールも来ていたしコントロールも良かった。右バッターの膝元にビシビシストレートが決まって、スライダーで出し入れもできていた。「このピッチャー、良いよね」と落合さんも評価していた。だが、野村同様に秋になってからはボールが全然来なくなっていた。私は「浜田もちょっと指名する自信がないです」と報告した。

「ぎっこんばったんしたあの投げ方は、決まり出すとバッターとしては厄介だと思うよ」

落合さんは変わらずに評価したが、あの独特の「バンザイ投法」は歯車が少し狂うと球威もコントロールも両方ダメになる怖さがあった。

最終的には「良いときのピッチングを評価したほうが良いんじゃないか？」という落合さんの言うことも一理あるなと思ったのと、似たタイプの武田（日本ハム）が活躍をしていたこと、浜田がうちにはいないタイプであったことから、2位で指名することにした。

「順番は任せる、全員獲ってくれ」

この年は2004年と同じで「全員大学生、社会人でいく」と落合さんが決めた年。先ほども書いたが、GMはスカウト部長よりも上の立場。その人が決めたことなのだから「それでいいんですか？」程度のことは言ったが、異論はなかった。GMが求めるチーム作りのために必要だと思っている選手を獲ることに全力を注いだ。

この方針は、高校生でめぼしい選手があまりいなかったことも関係している。どうしても欲しかったのは智弁学園高の岡本和真くらいだった。担当スカウトの米村が「バッティングが強烈ですよ」とものすごく評価していた、強くバットが振れる選手だった。「今年の上位はピッチャーでいくらしいから、2位か3位で残っていたら……」などと話していたのだが、岡本の評価はぐんぐん上がっていき、巨人の1位になった。

3位〜7位で指名した日本通運・友永翔太、JX－ENEOS・石川駿、青学大・加藤匠馬、東京ガス・遠藤一星は落合さん自身が関東の大学、社会人を見てきたなかでピックアップした選手たちだった。6位のJX－ENEOSの井領雅貴だけは「友永でいくなら井領がいいんじゃないですか?」とスカウトから推した選手だった。石川は高校時代から追いかけていたし、加藤以外の選手に関して言えば高校、大学時代も含めて「チャンスがあれば獲りたい」と思っていた選手ばかりではあった。

「順番は任せる。全員獲ってくれ」

そう言って、井領を含めた5人の選手たちの名前がスカウト部に渡される形となった。指名順位はどうやって決めるかというと、調査に行って中日以外の球団が来ているかどうかを確認する。来ていなければ当然順位は下でも獲れるのだから下位指名となる。

5位の加藤はその強肩に落合さんが惚れ込んで獲った選手だった。「肩以外はちょっと……」というレベルのキャッチャーだったが「これだけの肩があれば相手は走ってこないぞ。加藤は肩だけでお客さんを喜ばせることができる選手だ」。そんなふうに落合さんが評価して指名した選手だった。

加藤がいた青学大とは井口の獲得を巡って以来、長らく関係が良くなかった。だから担当スカウトが挨拶に伺い、「加藤君指名の一番の目的は青学大との関係改善です！」と話すと、河原井正雄監督も喜んで、「あのときはうちも悪かった。チャンスがあればぜひ獲ってやってほしい」と言われ、めでたく雪解けとなった。

指名後に再び挨拶に伺うと、「よく指名してくれました！　でも加藤で大丈夫ですか？　肩はいいけどリードとか全然ですよ？」と河原井監督には心配された（笑）。だがその加藤が、この年のドラフト指名選手のなかで唯一の現役として頑張ってくれている。

「中日ってお金ないんですか？」

中部学院大・野間峻祥は足も肩もある地元の外野手だった。担当スカウトの清水昭信（愛称：げんさん）がスカウト会議で推した。だが1位でないと獲れない選手だという。そんな清水に落合さんは諭すように言った。

「げんさん、お前が欲しいっていう気持ちはわかってるよ。でも（1位じゃないと獲れない）野手は外して考えな」

前述した通り、3位以下で獲得する野手はもう決まっていたから問題は1位、2位のピッチャーは誰にするかだった。野間は広島が外れ1位で指名した。

もしもこの年の落合さんがGMではなく監督という立場だったら、スカウト部長として指名する選手を巡って対立していたかもしれない。友永、井領、遠藤は全員左打ちの社会人。いくら良い選手だとしても同じようなタイプの選手を普通は3人も指名しない。

なぜそんな指名をしたのか？　そこには落合さんのキャリアが関係しているのかもしれない。

落合さんは大学を中退した後に社会人野球に拾ってもらい、25歳でプロ入りした苦労人。そういった経験から、日の当たらない社会人野球で頑張ってきた選手にチャンスを与えれば、自分のように大輪の花を咲かせるかもしれない。そういう選手を根こそぎ獲れば誰か1人は大化けしてくれるかもしれない。そんな思いがあったのではないだろうか。

この年も落合さんのコストカットが話題になった。

星野さん時代はスカウティングに使えるお金が12球団で一番ある球団と言われていたが、この頃は「中日ってお金ないんですか？」とスカウトの現場で言われることもあった。プロに送り出した教え子たちの年俸が、1年目からばっさばっさとカットされていたのだから、そんな心配もしたくなるだろう。

「一時期に比べたら資金は減りましたが、ただ本社は無借金経営ですから潰れるようなことはありません。身売りするようなチームではないですから、その辺は心配しないでください。良いチームであることは間違いないです」

そんなふうに返答していたが。

落合さんは選手、監督時代と「実績を上げればそれに見合う年俸をもらうことがプロである」と、「結果＝お金」というシビアな評価を求めてきた人。それが球団経営も苦しくなっていたなかでGMに就任し、経費カット、年俸カットという逆のことをしなければならなくなったのだから、心苦しかっただろうなと思う。そんな役目は落合さんにしかできなかったことだ。誰もやりたがらない汚れ役、嫌われ役を買って出たのだから、頭が下がる。

2015年

GMとスカウトが共有した危機感

「現場がかわいそうだろ?」

この年のドラフト1位は地元・県立岐阜商高の高橋純平だった。「GMは駒澤大・今永昇太(DeNA1位)でいきたかったのにスカウトが高橋をごり押しした」みたいなことが書かれている記事もあるようだが、それは事実ではない。今永は北筑高(福岡)時代に下位で指名したかったピッチャーだった。実際に「獲ります」と声をかけたものの本人が「まだ自信がない」ということで大学進学を選択し、指名を断念していた経緯もある。そんな今永が、大学進学後に一気に成長して1位でなければ獲れない選手になった。中日に限らず、今永ほどのピッチャーはどこも欲しかったはずだ。

だが、落合さんからも「駒澤の今永、良いよね」くらいの話はあったが、「今永でいってくれ」とは言われなかった。

高橋は1年の頃から150キロを投げていた地元ピカイチの素材だった。その頃から、「2年後は会社を挙げて地元スターの高橋を獲りにいく」ことは、球団の暗黙の了解でもあった。

落合さんもGMとなり球団上層部と話す機会も多くなっていたので、球団を挙げて地元スターを獲りにいくという話は聞かれていたのだと思う。だから「今永か高橋か」というような議論には、そもそもなっていない。

直倫のときもそうだったが、地元にスター選手がいれば獲りにいくのは、親会社がローカル新聞社である球団の宿命でもあるのだ。落合さんもそのことは理解されていた。

高橋は3球団競合となりソフトバンクが引き当てた。中日の外れ1位は東海大相模高の甲子園優勝左腕、小笠原慎之介。小笠原は1位で消えると思っていたから、高橋を外したときに残っていたことに驚いた。だから外れ1位は迷わずに決まった。日本ハムと競合となり、今度は中日が引き当てた。ちなみに小笠原も外したときは明治大の大型左腕、上原健太でいこうと考えていた。その上原を日本ハムが外れの外れで指名したときには、「日本ハムはうちと全く一緒のパターンでしたね」と会場で落合さんたちと話していた。

2位以下は前年と同じように大学、社会人で占められることになった。この年の落合さんは「高校生はいらない」とは言わなかったが、こんなことを言っていた。

「いまのウチの状況を見てごらん？　1人でも役に立つ選手を獲らないと現場がかわいそうだろ？　俺のときは恵まれていたけど」

谷繁監督になって2年目のシーズンもBクラスの5位で終わっていた。私がスカウトになってから初めての3年連続Bクラスだった。数年前から思っていた、「5年先、10年先が心配だ」ということが現実になっていた。

スカウト部にも、現状の低迷を一刻も早く打破しなければ次に進めない。少しでも戦力になれる選手を現場に送らなければいけないという思いがあった。そんな気持ちから、結果的に1位以外は大学・社会人選手で占められることになったのだ。

私が勝手に指名したトヨタの木下

そんな思いのなか、3位指名したのがトヨタのキャッチャー、木下拓哉だった。私は木下を買っていた。「外れ1位か少なくとも2位までには消える。上位で指名しないと獲れませんよ」とずっと言ってきた。実際、ドラフト直前のスポーツ紙には他球団の外れ1位候補としても名前が挙がっていた、アマチュア球界ナンバー1の即戦力キャッチャーだった。

だが、この年のドラフト戦略では上位2人はピッチャーでいくことになり、2位は東北福祉大の佐藤優で決まっていた。ピッチャーの補強も優先課題であり、佐藤も素材の良いピッチャーだったからそれは致し方がないことだった。「ポスト谷繁」になり得る木下の指名は完全に諦めていた。

だが、ドラフトが始まるとどの球団からも木下の名前が挙がらなかった。2位指名の途中あたりから、「指名するな、指名するな……」と私は祈り続け、心臓をバクバクさせていた。そしてついに、中日の3位指名まで木下は残った。このときの3位は他の選手を予定していたと思うが、私は落合さんに確認もせずに指名用紙に『木下拓哉』と書いて、会場のスタッフに渡して半ば強引に指名した。

「トヨタから獲らなきゃいけない理由でもあるの？」

落合さんにはそんなふうに聞かれた。何か裏で約束でもしていたのかと言いたげな感じだったが、「いえいえ、良い選手だから指名したんです！」と返した。

繰り返しになるが、落合さんは社会人選手の契約金は高く設定する人だった。しかし私が強引に指名したせいか、落合さんが評価していなかったからなのか、3位の社会人選手にしては木下の契約金は安かった。トヨタ側からも「もうちょっと条件なんとかしてくださいよ」と言われ、私は頭を下げながらこう言った。

「これでも会社に頼み込んで条件を少し上げてもらったんです。3位で残っていたから慌てて指名したんです」

どうにか理解してもらったものの、球団経営の苦しさをここでも感じずにはいられなかった。

4位で指名したJR九州の福敬登は神戸西高時代から追いかけていたピッチャーだった。3年目で獲るつもりでいたが、その年が不調で指名できなかった。それから2年経って社会人5年目となったこの年、担当スカウトから「少し良くなりましたよ」と報告が上がってきた。香川オリーブガイナーズの西田監督からも電話をもらった。

「JR九州の福、強烈なボールを投げてましたよ。150キロくらい出ていて手も足も出ませんでした。コテンパンにやられました。獲ったほうがいいですよ」

そんな報告をしてくれた。

西田監督は広島のOB。それなのにライバル球団の中日が福を追いかけていると聞いて、わざわざ私に電話をくれたのだ。もしかしたら、2年前に又吉を2位で指名したことに恩義を感じていてくれたのかもしれない。そうだとすればありがたい限りだ。

実際、福を見に行ったら報告の通りに良くなっていた。絶対に指名したいと思った。スカウト会議で「ＪＲ九州の福でいこうと思ってます」と報告すると、落合さんも「福でいいよ。良いらしいね」と指名を後押ししてくれた。

この年が社会人4年目となる5位のＨｏｎｄａ・阿部寿樹（現楽天）は前年にも指名候補で名前が挙がっていた選手だった。だがバッティングにちょっと引っかかる部分があり、指名に待ったをかけていた。それが1年経って格段に良くなっていた。落合さんも「そうだろ？　阿部、良いだろ？」と評価していたようで、他にどの球団も指名する動きもなかったことから5位指名となった。

6位の石岡諒太（現オリックス）は福と同様に高校（神戸国際大付高）時代から評価していた選手で、この年が社会人5年目だった。落合さんに「石岡どうしますか？　良くなってますよ？」と聞くと、「獲ろう」とほぼ二つ返事。ちなみにＪＲ東日本の選手だ。

他球団の主力になった選手たち

オリックス1位の青学大・吉田正尚（現レッドソックス）は、強烈なバッティングをしていたが、1位でないと獲れない選手だったから、高橋1位を予定していたウチには縁がなかった。

オリックスもこの頃はピッチャーが欲しかったはずなのによく1位でいったなと思ったものだが、結果的にリーグ二連覇の主力に育った。ウチも吉田のような攻撃に特化した選手も獲らなければいけなかったのに、獲りにいけなかった。長距離砲が育ちにくいナゴヤドームだが、吉田ほどの選手ならば球場に関係なく打っていただろう。

阪神5位の帝京大・青柳晃洋は担当スカウトの石井さんが「このピッチャー、バッターはめちゃくちゃイヤがるよ」と評価していた。腕も振れるし球威もある。内角胸元に投げるけどぶつけない、思い切りも良い。「目をつぶって獲ってくれ」と言われていたが、この年の戦略上、獲りきれなかった。

広島5位の王子製紙・西川龍馬は欲しい選手だったが、落合さんは評価しなかった。バッティングは良いと評価しつつも、ショートの守備で引っかかる部分があるようだった。高卒3年目で伸びしろも期待できた選手だったが、「打てるけど使いづらい。現状を考えると守れない選手は厳しい。候補から外して考えてくれ」という反応だった。

日本ハム2位の新日鉄住金かずさマジックの左腕、加藤貴之も評価していた。だが2位では手が出なかった。フォームが柔らかくてボールの質も良かった。だがスピードで抑え込むより球のキレとコントロールで勝負するスタイルが、前年に獲っていた浜田と少し似ていたこともあり、上位指名は難しかった。

楽天3位の早稲田大・茂木栄五郎は個人的にめちゃくちゃ欲しい選手だった。スカウト会議でも「茂木でいきましょう！」と私は散々名前を挙げた。2位か3位で消えるという予想だったが、落合さんは「良いけどなぁ……」という感じでもうひとつ評価していない様子だった。3位で木下が残っていなければ、おそらく私は『茂木栄五郎』と勝手に指名用紙に書いていたと思う。それくらい茂木も欲しい選手だった。

ちなみにこの年は、後に明治大から広島にドラフト1位指名される森下暢仁が大分商業高にいた。ピッチャー経験が浅いながらも抜群のセンスを見せていて評価もしていたが、「明治大進学で固い」と担当スカウトから報告を受けていたので、夏の頃には指名リストから外れていた。

オフには髙橋聡文がFAで阪神へ移籍した。チームを支えた大ベテランの山本昌、和田、小笠原も現役を引退し、選手兼任だった谷繁監督も引退して翌シーズンから監督に専念することになった。そういったこともまた、大学、社会人中心のドラフトに繋がった。

2016年

スカウト会議に出なかったGMラストシーズン

この年から監督専任になっていた谷繁監督はシーズンの終わりを待たずに解任された。代わって指揮を執ったのはヘッドコーチの森さんだった。

GM退任が決まっていた落合さんは、ドラフト直前のスカウト会議に参加しなかった。落合さん不在で行われたこのときの会議では、作新学院高の甲子園優勝投手・今井達也（西武1位）と明治大のエース・柳裕也のどちらを1位指名でいくか迷いに迷った。森さんは「結論が出ないならGM呼ぼうか？」と冗談っぽく言い、我々も「いいです！　いいです！」と冗談っぽく返した（笑）。

ドラフト当日朝に決まった1位指名

スカウト部としては将来性なら今井、即戦力なら柳という判断だったが、最後は森さんに委ねられることになった。だが森さんもその場では決めきれずに「1日考えさせてくれるか？

明日返事していい?」ということになった。

迎えたドラフト当日の朝、「柳でお願いします」という森さんの返事でこの年のドラフト1位が決まった。おそらくだが、森さんは電話で落合さんに意見を仰いだように思う。落合さんは柳を評価していたからだ。

柳はDeNAとの抽選となったが、もしも外れていれば、阪神が単独1位指名した白鴎大のスラッガー大山悠輔、同じく白鴎大の右腕、中塚駿太(西武2位)などを前日段階では外れ1位候補に考えていた。大山は打つことに関してはこの年のナンバー1という評価だった。

2位で指名した日本大の京田陽太(現DeNA)は落合さんも高く評価していた選手で、2位指名は早くに確定していた。だが、「中京学院大の吉川尚輝が2位で残っていたら考えさせてくれ」と私は前日の会議で言った。京田は青森山田高、吉川は中京高時代から評価していた2人。守りは間違いなく京田だったが打つほうは吉川が上だった。どっちがいいのかギリギリまで悩みに悩んだ。だが吉川は外れの外れで巨人が1位指名した。そのときは正直ほっとした。これ以上2位指名で悩む必要がなくなったからだ。

京田は184センチという体のサイズもあるし本来持っているバッティング能力は非常に高い。当たったら飛距離も出る。ルーキーイヤーに長嶋茂雄さんの記録を超えるヒット数を記録して新人王も獲得し、2、3年で3割を打つ選手になるだろうと期待した。あの高い守備力に打撃がついてくれば鬼に金棒だと思った。だが期待とは裏腹に、打撃成績は年々下降していった。持っているポテンシャルは高いのだから、ＤｅＮＡで再び輝きを取り戻して欲しい。

3位で指名した酒田南高の大型ショート、石垣雅海は、他球団も含めて評価がものすごく高い選手だった。担当スカウトの山本も「3位までには絶対に消える」と太鼓判を押していた。見に行った試合は全打席敬遠されたから、私は実際には石垣のスイングを見れていない。それでも担当スカウトの評価を信じて「石垣でいこう！」となった。

この年、育成で唯一指名した選手が、駒澤大を中退して徳島インディゴソックスで投げていた木下雄介だった。担当スカウトの音重鎮が「面白いピッチャーがいてるんです」というので徳島まで見に行ったら、実際良いボールを投げていた。中島輝士監督（現京都先端科学大監督）にもその場で「獲るわ！」と言ったほどだった。

木下と言えば入団会見を思い出す。「親は呼ばなくていいのか？」と聞くと「呼ばなくていいです」と言う。そして「実は結婚しているんです……子どももいてます」と初めて聞かされた。妻子持ちだと指名してもらえないと思ったらしい。「アホ！　そういうことは一番初めに言え！　いいから嫁さんも子どもも呼べ」と怒った。妻子持ちでありながら「野球に没頭したいから寮に入りたい」とも言っていた。

試合中の投球で右肩を脱臼したときはテレビで見ていたが、直前の投球のときから痛そうな顔をしていたのを見逃さなかった。「アホか！　その前に痛みがあったんやろ！　なんで言わんのや！」と怒ると、「その前のブルペンのときから痛かったんです。でもせっかくのチャンスを逃したくなかったんです」と言っていた。木下はそういう男だった。

お父さんが事故で亡くなったときは葬式にも参列させてもらった。遠征先から駆けつけた木下に「お前も余計に頑張らなあかんな」と声をかけたことを覚えている。まさかその後に木下まで亡くなるとは思っていなかった。

あと一歩のところまで一軍選手の座をつかみかけていたのに、なぜ木下にだけこんなにも不幸が重なってしまったのか。やりきれない思いだ。

3位か4位で迷った山本由伸

この年の目玉は創価大の田中正義（ソフトバンク1位／現日本ハム）だったが、私の中では2、3年時の強烈なピッチングが印象に強い。特に3年のときに見た田中は「こんなピッチャーが本当にいるのか⁉」と驚くぐらい、テイクバックからボールを放すまでのまとわりつくような腕の流れと最後の強いリリースは、自分のなかのピッチャー理想論を具現化したような「完璧なピッチャー」だった。おまけに体つきも良い。どうしても欲しいと思った。だがその後に故障をした。

4年になってから投球を見に行ったが、球速こそ150キロは超えていたものの、かつてのイメージはもうなかった。一番良かったときを10とすれば4年時の投球は4か5といったところだった。

秋も見たうえで、指名するには怖さがあって1位から撤退した。落合さんは田中の下級生時代の良かったときを見ていないからおそらく評価していなかったと思う。「どうなの？」程度のことは聞かれたが「ちょっと不安があります」と答えると、田中のことはその後何も言わなかった。

今や球界を代表するピッチャーになったオリックスの山本由伸は、都城高2年の秋に担当スカウトの三瀬から「150キロを投げるピッチャーがいる」と言われて見に行った。だが、このときは体調不良で投げなかった。三瀬はがっかりしていたが「まぁええやん。3年になったら一番最初に見に来るから」とそのときは話した。

年を越えてから満を持して見に行くと、報告通りに良いボールを投げていた。だが、「流れるような」とは言いがたいあの投球フォームで故障しないかが気になった。「この投げ方でよく150キロも出せるなぁ」というのが率直な感想だった。

他球団も山本のフォームにちょっと引っかかる部分があるようで、評価を躊躇っているように感じられた。だからうちは3位石垣、4位山本でいけると考えた。

ドラフト当日、3位で予定通りに石垣を指名し、次の指名用紙に『山本由伸』と書いて待っていたら、直前のオリックスに先に指名をされた。長いスカウトの経験上、「直前で獲られた選手は大成するんだよなぁ」などとそのときには思っていたが、まさかあそこまでの選手になるとは想像できなかった。

明秀日立高の細川成也は、私の目の前で3打席連続ホームランを打ったことのある選手だった。石垣も細川もできれば2人とも欲しかったが、より評価の高かった石垣が3位で獲れたことで細川の優先度は下がった。下位で残っていれば考えようと思っていたところでDeNAが5位で指名した。その細川が現役ドラフトを経て、今シーズンは中日の中軸を打っているのだから不思議な巡り合わせを感じる。

「源田は候補リストから消していいぞ」

西武が3位指名したトヨタの源田壮亮は愛知学院大のときから追いかけていた。大学時代は、守りは良かったが非力で打つほうがダメ。下位指名も考えたがトヨタに決まったと聞いて指名を見送っていた。

この年は京田、吉川、源田と3人のショートがいたが、総合的に一番評価したのはやはり京田だった。一方、守備に関してはダントツで源田だった。落合さんは「源田は候補リストから消していいぞ」と担当スカウトの清水に言っていたが、私はその指示を無視する形で「最後まで候補に残しておけ」とこっそり清水に命じた。京田も吉川も獲れなかったときは源田でいきたかったからだ。

広島3位の中部学院大・床田寛樹は、担当スカウトの清水の推薦で何度か見に行った。だが私が見に行くときに限ってあまり調子が良くなく、ボールが来ていなかった。球速も140出るか出ないかという程度。「これくらいだとちょっとどうかな」というのが正直な印象だった。投げ方は良いしボールの質も高かった。ボールが来ていれば確かに上位クラスのピッチャーだと思った。「左だしそれなりの順位で残っていれば考えよう」という評価だった。

同じ広島の4位、日大三高の坂倉将吾はバッティングが抜群だった。外野を守るケースも多く、プロでキャッチャーはちょっと厳しいと思ったから、獲るなら「左の外野」という判断だった。キャッチャーとしての守備力、肩もあればもっと上の順位になっていたと思う。それくらい抜群のバッターだった。

ロッテ6位の八戸工大一高・種市篤暉は、夏の青森大会で見た。ちょっとテイクバックに独特な部分があったが良いボールを投げるピッチャーだと思った。担当スカウトの山本が「東北の高校生ではナンバーワンです」と言っていたことを覚えている。確かに投げているボールは一級品だった。オリックス6位の敦賀気比高・山﨑颯一郎も今はものすごいボールを投げているが、高校時代は体が細く、最速は134、5キロくらいだった。良い投げ方をしていたものの「体を作るのに相当時間がかかるな」と思った。実際に時間はかかったが、想像を超えるものすごいピッチャーになったことに驚いている。

種市も山﨑も6位指名だったが、中日は「故障さえなければ上位指名確実」だった東海大の右腕、丸山泰資を6位で指名する戦略だったから、彼等を指名することはできなかった。

こぼれ話

2016年

見抜けなかった佐野の才能

ＤｅＮＡに9位指名された明治大の佐野は、柳を見に行くたびにいつも見ていた選手だった。

「バッティングは良いよねぇ。本当に良いバッターだよなぁ」

一緒に見ていたスカウトといつもそんなことを話していた。だが、いくら良いバッティングをしてもドラフト候補という目では見ていなかった。

「打つだけの選手」。そんな評価だった。ナゴヤドームでは守るところもないし、中日の指名枠もこの年は6つしかなく、獲るつもりは全くなかった。佐野の名前がＤｅＮＡから呼ばれたときは、「9つまで枠があれば名前を挙げる球団もあるよなぁ。あれだけ打つもんなぁ」という受け止め方だった。

ナゴヤドームで戦う以上は、「打つだけの選手」を獲っていては勝つことが難しいと、まずは守備優先で選手を獲ってきた。それがあるときまでは上手くいっていた。だが、今はあまりにも打てなさすぎる。

今となって思うのは、良いところを見て、気になるところは知らんふりして獲ればよかったということだ。

「良いと思ったらなんでもいいから獲れ。技術云々なんか言わなくていい。良い選手は目をつぶって使えばみんな良くなる、それくらいの気持ちがなければ選手なんか獲れないぞ」

西武の黄金時代を築いた根本さんはそう言っていたらしい。本当にその通りだと思う。

スカウト部長になってからは、各担当から挙がってくる候補選手たちを吟味して、候補リストから削らないといけない立場になった。そのときにやっぱり、その選手の気になる点、マイナス面を見てしまっていた。佐野を指名対象として見ていなかったのはその典型だった。

落合博満GM時代に指名した選手

2013年			
1位	鈴木翔太	投手	聖隷クリストファー高
2位	又吉克樹	投手	香川オリーブガイナーズ
3位	桂依央利	捕手	大阪商業大
4位	阿知羅拓馬	投手	JR東日本
5位	祖父江大輔	投手	トヨタ自動車
6位	藤澤拓斗	内野	西濃運輸
育成1位	岸本淳希	投手	敦賀気比高
育成2位	橋爪大佑	内野	大阪商業大

2014年			
1位	野村亮介	投手	三菱日立パワーシステムズ横浜
2位	浜田智博	投手	九州産業大
3位	友永翔太	外野	日本通運
4位	石川駿	内野	JX-ENEOS
5位	加藤匠馬	捕手	青山学院大
6位	井領雅貴	外野	JX-ENEOS
7位	遠藤一星	内野	東京ガス
8位	山本雅士	投手	徳島インディゴソックス
9位	金子丈	投手	大阪商業大
育成1位	佐藤雄偉知	投手	東海大相模高（入団拒否）
育成2位	石垣幸大	投手	いなべ総合高
育成3位	藤吉優	捕手	秀岳館高
育成4位	近藤弘基	外野	名城大

2015年			
1位	小笠原慎之介	投手	東海大相模高
2位	佐藤優	投手	東北福祉大
3位	木下拓哉	捕手	トヨタ自動車
4位	福敬登	投手	JR九州
5位	阿部寿樹	内野	Honda
6位	石岡諒太	内野	JR東日本

育成1位	中川誠也	投手	愛知大
育成2位	吉田嵩	投手	徳島インディゴソックス
育成3位	三ツ間卓也	投手	武蔵ヒートベアーズ
育成4位	西濱幹紘	投手	星城大
育成5位	呉屋開斗	投手	八戸学院光星高
育成6位	渡邊勝	外野	東海大

2016年			
1位	柳裕也	投手	明治大
2位	京田陽太	内野	日本大
3位	石垣雅海	内野	酒田南高
4位	笠原祥太郎	投手	新潟医療福祉大
5位	藤嶋健人	投手	東邦高
6位	丸山泰資	投手	東海大
育成1位	木下雄介	投手	徳島インディゴソックス

森繁和監督・与田剛監督時代に指名した選手

2017年			
1位	鈴木博志	投手	ヤマハ
2位	石川翔	投手	青藍泰斗高
3位	高松渡	内野手	滝川第二高
4位	清水達也	投手	花咲徳栄高
5位	伊藤康祐	外野手	中京大中京高
6位	山本拓実	投手	市立西宮高
育成1位	大藏彰人	投手	徳島インディゴソックス
育成2位	石田健人マルク	投手	龍谷大

2018年			
1位	根尾昂	内野手	大阪桐蔭高
2位	梅津晃大	投手	東洋大
3位	勝野昌慶	投手	三菱重工名古屋
4位	石橋康太	捕手	関東第一高
5位	垣越建伸	投手	山梨学院高
6位	滝野要	外野手	大阪商業大

2019年			
1位	石川昂弥	内野手	東邦高
2位	橋本侑樹	投手	大阪商業大
3位	岡野祐一郎	投手	東芝
4位	郡司裕也	捕手	慶應義塾大
5位	岡林勇希	投手	菰野高
6位	竹内龍臣	投手	札幌創成高

2020年			
1位	髙橋宏斗	投手	中京大中京高
2位	森博人	投手	日体大
3位	土田龍空	内野手	近江高
4位	福島章太	投手	倉敷工高
5位	加藤翼	投手	帝京大可児高
6位	三好大倫	外野手	JFE西日本
育成1位	近藤廉	投手	札幌学院大
育成2位	上田洸太朗	投手	享栄高
育成3位	松木平優太	投手	精華高

2021年			
1位	ブライト健太	外野手	上武大
2位	鵜飼航丞	外野手	駒澤大
3位	石森大誠	投手	KAL火の国
4位	味谷大誠	捕手	花咲徳栄高
5位	星野真生	内野手	豊橋中央高
6位	福元悠真	外野手	大阪商業大

2人の高校生キャッチャー、中村と村上

スカウト部長として迎えた最後のドラフトになった。この年の1月で落合さんはGMを退任されていたので、ドラフト戦略はスカウト部主導で練られた。

課題はキャッチャーだった。この年のキャッチャーは一番多く試合に出たのが松井雅人で87試合。だが打率は.221、ホームラン2本と打撃が弱かった。打撃力にも定評のあった木下もこの頃は51試合の出場で.192、武山真吾、杉山も低打率。それぞれに課題を抱えていた。

長らく1位でも獲りたいと思うほどのキャッチャーもいなかったのだが、この年は春先から目をつけていた選手がいた。広陵高のキャッチャー、中村奨成だ。

担当スカウトの音からは「肩がべらぼうによく、バッティングは荒いが当たればめちゃくちゃ飛ぶ」と聞いていた。実際に見に行くと、バッティングは3打席目までバットにかすりもしなかったが最終打席ではレフトのはるか上空に消える大ホームランを打った。打率はさておき、プロでも20本くらいホームランを打てる力はあると思った。地肩も強烈でスローイングもすごかった。モノが違った。

キャッチャーとして技術的な課題はあったが、「獲るのであればこういう選手を獲らないといけないよな」と音とも話した。この時点では2位で獲りたいと思っていたが、音は「2位指名はちょっと怖い」という。長年の経験上、そんなことを言っ

ていると他球団に先に指名されてしまう。音には「2位で考えておいてくれ」と話した。

中村は夏の甲子園で清原和博（元オリックスほか）のホームラン記録を破る歴史的な大活躍を見せた。これで1位でなければ獲れない選手になった。

ドラフトでは中村の地元、広島と1位で競合した。広島は前年に高卒キャッチャーの坂倉を獲っていたが、地元スター選手の指名から逃げるわけにはいかなくなったのだと思う。中日と同じ地方球団の宿命だ。

中村は抽選で広島が引き当て、中日は外れでヤマハの鈴木博志を指名した。鈴木はボールも速かったし、夏場以降にコントロールも良くなっていた。うまくいけば1年目から抑えでいけるかもしれない、そんな期待もあった。だから外れ1位はすんなりと鈴木で決まった。

この年から監督になっていた森さんは、指名選手を細かく注文することはなかった。1位は中村でいくことも理解してくれていた。唯一の注文らしいことと言えば「中村を外した場合は即戦力のピッチャーで頼む」という程度だった。

九州学院高に、キャッチャーだった村上宗隆（ヤクルト1位）がいたが、外れ1位に村上は考えていなかった。坂井宏安監督（現彦根総合高総監督）は大学の後輩で、早くから「いい選手がいますよ」という話は聞いていた。実際に見に行って「いいバッティングをしているな」とは思った。だがキャッチャーとして見ると、プロではちょと厳しいと感じていた。

中村を外したあと、村上を含めて他のキャッチャーは指名しなかったのだが、それは中村クラスの抜きん出た存在の〝キャッチャー〟が欲しかったからだ。

1位以外は全員高校生

3位の高松渡（現西武）の指名の背景には、現場も含めて足がダントツで速い選手をずっと探していたという理由がある。最終的に指名を決めたのは練習試合でのセーフティーバントを見たからだった。

滝川二高の監督が私の大学の後輩だったこともあり「練習試合のどこかでセーフティーバントをやらせてみて欲しい」とお願いしていた。いざ、その試合でセーフティーバントをすると、一塁到達タイムが3・8秒。他球団のスカウトからも「これはすごい」という声があがった。ちなみに4秒を切れば俊足といわれ、イチローは3・7～3・8秒だったと言われている。守備はちょっと怪しかったが、とにかく足のスペシャリストとして指名した選手だった。

4位の花咲徳栄高の清水達也は、春の埼玉大会を見に行ったとき、リリーフで登板して初球が148キロ。その後もコンスタントに150キロ近いボールを連発。上背があってボールに角度もあり、一目見て指名したいと思った。だが、投げる試合はリリーフばかり。腕がちょっとアーム式のフォームも気になった。だからできれば4位か5位くらいで欲しいと考えていた。おそらく他球団も同じように考えていたのだろう。清水の名前が呼ばれないまま、中日は思惑通り4位で指名することができた。

西武に4位指名された八重山商工の平良海馬も欲しいピッチャーだった。担当スカウトの三瀬も強く推していた。沖縄で見た試合でのボールは強烈だった。監督に「どうですかね？」と聞かれたので「指名届を出せば間違いなく指名されますよ」

と伝えた。中日は清水のほうを評価していたので、平良が5位で残っていたら指名したかった。

キャッチャーでは、巨人が2位と3位で岸田行倫（大阪ガス）と大城卓三（NTT西日本）を続けて指名した。岸田は報徳学園高時代に3位で獲りたいと真剣に検討した選手だった。だが早くに大阪ガスに決まり、指名ができなかった。大城は東海大時代からバッティングが強烈でバッターとして評価していた選手だった。正直キャッチャーとしてはそんなに評価はしていなかった。

この年にキャッチャーを上位で考えていたのは、期待の大きかった木下が伸び悩んでいたことも大きい。「木下、何してんねん！」と思いながら見ていた。木下は大学・社会人を出ているのに基礎体力が足りていない部分があり、特に膝から下が弱かった。その分だけ正捕手になるまで時間がかかった。

5年連続のBクラスに沈んでいたこの年は、落合さんのGM体制からスカウト部主導の体制に戻ったこともあり、もう一度腰を据えてチームを再建するために高校生主体、一芸に秀でた選手を獲ろうという戦略で臨んだ。結果的に1位の鈴木以外は全員高校生になった。

直らなかった根尾の欠点

この年の1月限りで私は定年退職となった。後任のスカウト部長は編成部長だった松永幸男が務めることになり、私は再雇用される形で「編成部アマスカウトディレクター」として、関西地区担当の山本をフォローしつつ、相談されたら答えるという相談役のような立場となった。ドラフト会議も席に着かず、スカウト会議でのアドバイスに終始した。

この年の1位指名は議論の余地なく大阪桐蔭高の根尾昂で早くから決まりだった。東海地区・岐阜の出身であり甲子園のスター。ドラゴンズジュニア出身で、当時からすごい選手がいると評判だった。そのときから順調にいけば3年後の1位は根尾だなと思っていた。根尾の1位もまた球団の総意だった。

4球団競合となった根尾は、森監督のあとを受けた与田剛新監督が引き当てた。

根尾の期待はもちろん大きかったが、入団4年目の昨シーズン途中に野手からピッチャーに転向した。高校時代から根尾のショートの守備は危なっかしいところがあった。だが、肩が強くフットワークもあり、プロで鍛えれば大丈夫だろうと思っていた。

根尾には欠点があった。ゴロ捕球の際に打球に合わせることが苦手で、これがなかなか改善されなかった。

ゴロを捕るときには、タイミングを合わせるために一歩前に出たり、下がったり、腕を伸ばしたりといろんな動きが求められる。打つほうでも同じで、構えてトップの位置から打ちに行く際に「間」をとることでいろんなボールにタイミングを合わせるのだが、根尾は守るにしても打つにしても、この「間」が上手くとれないのだ。これは本人のなかにある感覚の部分の話であり、手取り足取り教えようのない部分なのだ。

守備もバッティングも一向に良くならない根尾を見て、「野手としては厳しいんじゃないか……」という思いがだんだんと膨れ上がっていった。

根尾が3年目を迎えた春のキャンプで、臨時コーチとして根尾を指導した立浪も「ちょっと厳しい」と漏らしていた。そんな経緯があったから、監督立浪はピッチャーに転向させたのだと思う。

今は色んなことを試行錯誤したり、なかなか結果が出ずに焦っているかもしれない。だが、ピッチャーはあるとき突然「なんだ、こんなことか⁉」と何かをつかむことがある。それがつかめれば絶対にピッチャーとしてやっていけると思っている。

2位の東洋大・梅津晃大は春先に強烈なボールを投げていた。テクニックもあってスピードもある。故障の多さは気になったが、それでも「絶対に獲ったほうがいいぞ」と話した。根尾を外した場合は外れ1位でも考えていたくらいだから、2位で指名できたのは幸運だった。

4位の関東一高・石橋康太はポテンシャルの高いキャッチャーだったが、キャッチングもスローイングも課題は多かった。それでも肩と馬力がある素材の良さは魅力だった。前年に中村を外していたこともあり、〝スケールのある高校生キャッチャー〟として指名した。

他球団で活躍する選手達

聖心ウルスラ学園高（宮崎）の戸郷翔征は春に見た。そのときに、高校時代の吉見のピッチングを米村に見せながら言ったことと同じことを、担当スカウトの三瀬にも言った。

「このピッチャーが基準。これより上なら上位指名、下なら指名見送り。このレベルのピッチャーが下位で残っていたら獲るべき」

戸郷は、アーム気味のフォームでスピードもそんなに出ていなかったが、リリース時にボールを叩くことができるピッチャーだった。

見立て通り、下位で残っていたら獲るべき素材だったが、このときは指名しきれなかった。6位で指名した巨人も同じような見立てだったのかもしれない。

大阪ガスの近本光司は、見に行った試合でライトスタンドにホームランを打った。小さい体で大きくタイミングをとってバットが振れる選手だった。足もあって思ったよりパンチ力もあり実戦向き。「3位で残っていれば考えないといかんな」と話していたが、それが外れの外れとはいえ阪神が1位でいって驚いた。

万波中正は横浜高1年時から注目していた。当たったら強烈な打球を飛ばすのだが、3年時は全くダメだった。だが、150メートルのホームランを打って、人がアウトにできない走者をアウトにできる肩があるのは魅力だった。中日は4位で指名するのはちょっと勇気がいると考えていたから、日本ハムが4位で指名したときは「思いきったなぁ」と思った。今シーズンの活躍を見ているとそれは正解だった。ハマればモノが違う選手だ。

亜細亜大の頓宮裕真（オリックス2位）は「良

いキャッチャーがいる」と聞いて、高校時代に見に行った。バッティングは素晴らしかったが、肩も強くなくキャッチャーとしてはちょっと厳しかった。大学に進んだあともバッティングは評価したが、いつもの私の決め台詞、「守るところがない」で指名しなかった。

明桜高（秋田）の山口航輝は、大阪の中学時代からずっと追いかけていた選手。高校時代は故障にも苦しみ、ようやく3年夏の秋田大会でパンチ力あるバッティングを見せた。「これだけパンチ力がある選手はそんなにいないと思うぞ。チャンスがあれば絶対に獲ったほうがいい」と話していた。

中日より先にロッテが4位で指名したが、故障がなかったら4位で獲れる選手ではなかった。それくらいのバッターだった。

COLUMN

与田剛監督時代①

2019年

これからの中日を背負う石川と岡林

春日井市民球場で石川昂弥のとんでもないホームランを見たことがある。2年春の大会だったと思う。打球がレフトスタンド奥の林の中に吸い込まれていった。その年の12月に見に行った愛知県選抜チームのバッティング練習では場外弾を放って民家の屋根に当てていた。「来年は石川だな」と担当スカウトの清水と話した。

石川は翌春の選抜でもホームランを3本放って一気に注目された。

星稜高の奥川恭伸（ヤクルト1位）を推す声もあった。この年から肩書きが「スカウト部アドバイザー」になっていた私は「大物打ちの選手をしばらく獲っていないから石川でいいんじゃないか」とアドバイスした。

奥川は4季連続で甲子園に出場し、最後の夏の甲子園で準優勝するなど、評価をさらに高めて1位指名の競合は必至だった。石川は「単独でいけるかもしれない」という思いもあった。最終的には「ピッチャー奥川とバッター石川、中日の将来を考えたときに、今必要なのはどっちだ？」となり、石川でいくことに決まった。

奥川も石川も3球団競合になったが、前年の根尾に続いて与田監督がまたしても引き当てた。

ちなみに与田監督は森前監督と同様で、ドラフトにはほとんど口を挟まない監督だった。

石川は、今シーズンも4月途中からの出場と出遅れたように、入団以来怪我の連続で満足なシーズンを送れていない。今は試合に出続けることによってやっと体ができてきたと感じているが、それでもキャンプなどで満足に鍛えていないから、このあとバテないか、怪我を繰り返さないかと少し心配している。持っている力はまだまだこんなものじゃない選手だ。

5位では岡林勇希を指名している。1年先輩の田中法彦（2018年広島5位／現セガサミー）を菰野高に見に行ったときに、まだ入学間もなかった岡林のブルペンでの投球を見た。身体も小さく細かったが良いボールを投げていた印象がある。

1年後、夏の三重大会を見に行った。外野で出場していた2年の岡林はその試合でホームランを2本打った。

「この子、バッティング良いよね。足もあるみたいだし来年バッターで獲ったら？」

アドバイザーの私は、担当スカウトの清水にそう言ったらしい。

翌年も練習を2回くらい見に行った。菰野高のグラウンドはスピードが表示されるのだが、ピッチャーをやっていた岡林はコンスタントに147、8キロのボールを投げていた。

「岡林、獲ったほうがいいんじゃないの？　あれだけのボールを投げるんだし、地元だし」

清水にそんな話をした。1年前に絶賛していたバッティングのことなど忘れ、ピッチャーとしての素質に惹かれていた。

だから、岡林との仮契約終了後に部長の松永と清水から「岡林はバッターでいきます」と聞かされたときは「え!?」と思った。「いや、ピッチャーでいったほうがいいんじゃないか？」と言ったが、「そもそも、岡林のバッティングが良いって言ったのは中田さんじゃないですか」と清水に言われて、「あ！」と思い出した（笑）。

その後の岡林の活躍は皆さんご存知の通りだ。アドバイザーの目よりも現役スカウトの目が正しかったということだ。

惚れ惚れした宮城のブルペン投球

1位の石川を外したときの外れ1位は興南高の宮城大弥を考えていた。春の沖縄キャンプで米村と練習を見に行ったことがあり、このときのブルペンでの投球が素晴らしかった。スピードも出るし、特に良かったのが指先にボールがまとわりつくような球離れ。それができないピッチャーを「危なっかしさがある」と私はいつも表現するのだが、宮城はそれが一切ない。投げ損ないがないのだ。軽く投げてもボールがピュッとくる。指先の感覚が素晴らしかった。

10球程度を見ただけで、「米村、もういいよ。これはもう間違いがない」と話した。それくらい見ていて惚れ惚れするピッチャーだった。

宮城は石川を外したオリックスが外れの外れで1位指名したが、もう少し身長があったら、複数球団が1位で指名していたと思う。それくらいの素晴らしいピッチャーだった。

大船渡高の佐々木朗希を見に行ったのは最後の夏の岩手大会。「なんじゃこいつは……」と驚くくらい、評判通りにすごいボールを投げていた。ただ体力的にどうかなという不安と、「ちょっと怖いな」という思いもあった。

8月の終わりに神宮球場で高校日本代表と大学日本代表と試合が行われた。その試合で佐々木は投げたが、右手中指に血マメができた影響で1イニングしか投げなかった。投げているボールは確かにすごかったが、シーズンが始まった直後ならばともかく、最後の公式戦から1カ月間、この試合に向けて調整をしてきたはずなのに、マメができるというのはどうなのかなと、引っかかった。絶対的な投げ込み量が足りていないのだろうし、公立高校のため強度の強い練習もしてきていないだろうと思った。

プロに入ってどの程度練習についてこられるのか、数年は体作りに費やす必要があるのではないか、そんなことを考えると「預かる現場は苦労するだろうな」という思いもあった。

素材、ポテンシャルはとんでもないものがあったが、現状の力としてはちょっと他のピッチャーとは比較ができなかった。

スカウト会議では、佐々木は、石川、奥川などの1位候補とは別枠として考えていた。最後に絞りきった1位候補と佐々木を比較して、どっちにしようか考えることにしたのだ。それくらい、佐々木のポテンシャルは前例のない、規格外のものだった。

佐々木は4球団が競合してロッテが引き当てた。ロッテは佐々木を大事に丁寧に育て、その才能を見事に開花させた。佐々木にとって良い球団に引き当てられたと思う。

幸運だった髙橋宏斗の1位指名

この年はコロナ禍で大会が軒並み中止になった。選手を見るための県外への移動などにも制限があったため、地元担当スカウトの近藤と清水と愛知県内のチームの練習を中心に見て回るしかなかった。そのお陰で中京大中京高の髙橋宏斗を何度も見ることができた。髙橋は見るたびに強烈なボールを投げていた。

この地元の逸材を何が何でも欲しかったが、希望進路は100%慶応大進学だった。だが、監督さんは慶応大のAO入試は100%合格できる保証はなく、不安もあるとも話していた。そのときは冗談半分で「大丈夫ですよ。万が一ダメだったらウチが獲りますから」などと話していた。

この年は近畿大・佐藤輝明（阪神1位）、早稲田大・早川隆久（楽天1位）、苫小牧駒沢大・伊藤大海（日本ハム1位）など有力選手はたくさんいたが、中日は誰かに絞ったようなことは公表しなかった。それは「もしも」の場合に備えてのためだった。

10月に入ってから髙橋は不合格となり、進路をプロ希望に変更した。他球団は他の有力選手を1位指名する動きをしていたため、中日はすぐに「1位は髙橋」と表明し、単独で指名することができた。もしも早くから進路がプロ一本であれば、おそらく複数球団が競合していたと思う。だから髙橋には失礼だが、合否がドラフトギリギリになったこと、不合格になったことは中日にとってはラッキーだった。

ちなみに、髙橋が慶応大に合格していれば、先ほどの3人のなかで一番評価の高かった早川を1位指名していただろう。個人的には佐藤が欲しいと思ったが、根尾、石川と2年続けて野手を1位指名していたし、貴重な左の先発ということで早川だった。

3位の土田龍空（登録名・龍空）は近江高に入ってきた1年時から注目していた。守備に関しては天才的。アクロバティックな守備をする選手で何がなんでも欲しい選手だった。地元の中京大中京高にも中山礼都（巨人3位）というショートもいたが、どちらかというとバッティング評価の選手で、守備を重視していた中日は土田を評価していた。

土田のバッティングは誰も打てないような難しいボールを腕をたたんで上手くはじき返し簡単にヒットしたかと思えば、「なんでそんな簡単なボールが打てないの？」という天才肌なところもあった。自主トレを見に行ったらド真ん中のボールを空振りしまくる。前に飛ばなくてもチップくらいするものだが、かすりもしない。たまらず「わざと空振りしてるのか？」と聞くと「いえ、真剣に打ってます！」と言う（笑）。

これを矯正しようとすると土田が持っている感覚がなくなってしまう。まだ高卒3年目。今はまだ目をつぶって使って、好きなようにやらせたほうが土田も成長できるのではないか。

冴え渡った阪神の指名

福岡大大濠高の山下舜平大も担当スカウトの三瀬が高く評価していた。中日は髙橋を一番評価しており、髙橋が進学した場合は即戦力投手に切り替える戦略だったため、1位で消える山下は候補から外して考えていた。トヨタの栗林良吏も同様。地元出身だし、欲しいピッチャーであるのは間違いなかったが、早くから広島が1位でいくと言われていたから諦めていた。名城大時代も2位までの順位縛りがあったため指名できなかった。それがなければ3位で欲しいと思っていた。

オリックス6位の日本生命の阿部翔太は、この年28歳でのプロ入りになったが、成美大時代から目をつけていたピッチャーだった。だが、社会人では故障も多く、あまり成長が見られなかった。ほとんど忘れかけていたときに名前が挙がり「あの阿部か!?」と思い出した。

ヤクルト3位の星稜高・内山壮真は担当スカウトも「良いバッターですよ」と評価していた。確かに良いバッターだったが、体のサイズに見合わない大きなバッティングだなと感じた。キャッチャーというポジションも含めてプロでは苦労するんじゃないかと、私個人はそんなに評価していなかった。ヤクルトは、山田のときにも思ったことだが、高校時代のままのバッティングでやらせてきちんと育てている。それが本当にすごい。

東洋大の村上頌樹は、智弁学園高時代から切れのある良い球を投げるピッチャーだった。一方、まとまりがあるものの球速は140キロそこそこ。指名するかどうかとなると判断に迷った。正直に言えば「残っていたら考えようか？」という評価だった。だから阪神が5位で指名したときも、「やっぱり下位評価になるよな」という感じだった。それがプロ入り3年目の今年になってとんでもないボールを投げるようになり「村上ってあの東洋大の村上か!?」と驚いた。ピッチャーはガチッとハマって急激に伸びることがある。今シーズンの活躍が続くかどうかは、村上の持っているポテンシャル次第だろう。

その阪神が6位指名した三菱自動車岡崎の中野拓夢は、担当スカウトの清水が「気になるんですよねぇ」とずっと言っていた。三拍子揃っていたが、それを良いと見るか、突出したものがないと見るかは判断に迷う。守備と足はプロでは及第点。守備は特別上手いとは思わなかった。予想外だったのはあの粘っこいバッティング。あんなにプロで打てるとは思わなかった。

この年の阪神は8人中7人が大学、社会人の指名となったが、1位の佐藤、2位の伊藤将司（JR東日本）、5位の村上、6位中野、8位の石井大智（四国ＩＬｐｌｕｓ・高知）と、一軍の主力クラスを5人も指名している。こういうドラフトができるとチームは一気に強くなる。

与田剛監督時代③ 2021年

目をつぶって一軍で使ってほしい3人

前年に8年ぶりのAクラス（3位）となり、期待も大きかった与田監督の最後のシーズン。だがチーム防御率がリーグ1位だった反面、チーム打率とホームランは共にリーグ最低に終わり、首位と18・5ゲーム差の5位に終わった。

「勝てないのは打てないから！」と散々言われ、叩かれたシーズンだった。

そんなシーズンのドラフトだったから、アドバイザーとしては「打てそうな選手を根こそぎ獲りにいこう」という話をした。体格があって遠くに飛ばせる選手は、ほぼ全員指名候補に挙がっていた。

1位で名前が挙がっていたのは慶応大のスラッガー・正木智也（ソフトバンク2位）と、「鳥谷二世」になれるぞと評価していた関西大の野口智哉（オリックス2位）。そして上武大のブライト健太だった。この3人から誰にしようかと考え、運動能力に優れ、大学選手権でドラフトの目玉でもあった西日本工業大の左腕・隅田知一郎（西武1位）から放った豪快な一発が強烈に印象に残っていたブライトに決めた。

2位で指名した駒澤大の鵜飼航丞は中京大中京高時代から注目していたスラッガーだった。3年の時点で「いよいよ本格化しそうです。来年追いかけます」と担当スカウトが話していた。

1位のブライトに続いて大学生外野手となった。これは私のスカウト部長時代の「打てるけど守るところがない……」という理由で打てる選手を獲ってこなかった反省を生かして、「打てる選手ならポジションに関係なく獲ろう」ということで迷いなく指名した。

3位で指名した火の国サラマンダーズの石森大誠はコントロールに難があるピッチャーだったが、この年はそれも解消されて急激に良くなって評価も上がっていた。「外れ1位で指名する球団もあるかもしれない」、それくらい評価されたピッチャーだった。私もビデオで見て本当に良い球を投げていた。だが、プロに入ってからはストライクを取ることに苦労しており、制球難のある元の状態に戻ってしまった。まだ2年目、良いときの感覚を思い出して欲しい。

6位で指名した大商大の福元悠真は足の怪我を抱えていたから、この順位まで残った選手だった。本来持っている力はもっと上の順位で指名されるレベル。入団してきたときに「1年目にまずは足を万全にしないとプロでは長持ちしないぞ」と声をかけた。今年になってやっと怪我がなく野球ができるようになった。ブライト、鵜飼も含めて3人ともファームでは打ちまくっている。早くに優勝争いから脱落しているこんなシーズンこそ、目をつぶって一軍で使ってやって欲しい。

欲しかった2人の高校生野手

愛工大名電高の左腕・田村俊介（広島4位）は投打の二刀流だったが、バッティングに関しては天才的だった。智弁学園高の前川右京（阪神4位）もバッティングが素晴らしかった。1年の頃からずっと追いかけてきて個人的には一番欲しいと思った選手だった。本人も中日ファンで「中日に行きたい！」と言ってくれていた。アドバイザーなので指名順位を決める立場にはなかったが、できれば2位か3位で獲って欲しいと思っていた。

この2人を指名できなかった背景を考えると、前川は守備にちょっと難があり、田村も含めて左投げ左打ちで守れるところが外野しかなかったこと。いくら「ポジションに関係なく打てる選手を……」とは言っても、さすがに上位指名4人のうち3人が外野手になってしまうことには勇気が必要だったのかもしれない。

関西国際大の翁田大勢（登録名・大勢）は、所属する阪神大学野球連盟がコロナ期間中にほとんど試合をしていなかったので、ほとんど見ることができないピッチャーだった。やっとリーグが再開したかと思えば投げなかったりして、秋になってようやく見れることになった。待たされた甲斐があったというべきか、大勢は強烈なボールを投げていた。ほとんどボールなのだがそれでもバッターが振っていた。

中日は5人のスカウトで見に行った。巨人も水野雄仁スカウトを中心に、中日よりも多くのスカウトを連れて見に来ていた。

前述したように、この年の中日は「打てる野手」を上位指名する戦略だったから、大勢を上位指名することは難しかった。巨人が外れ1位で指名したときは少し驚いたが、あの1年目のボール、成績を見れば巨人スカウト陣の眼力にお見事と言うほかない。

この年のドラフトが私にとって最後のドラフトになった。翌年1月で私は長年お世話になった中日ドラゴンズを退職した。

あとがき

「星野さんと落合さんの2人の監督時代を中心に、中田さんのスカウト人生を振り返ってみませんか？」

出版社の方からそんなお話をいただき、改めて自分のスカウト人生を振り返る機会をいただきました。

長きに渡り歩んだスカウト人生、顧みれば反省ばかりです。

あのとき、なぜもっと自信を持って選手を推薦できなかったのか。監督にもっとあぁ言えば良かったかもしれない。もっと意見を戦わせるべきだった……数え上げればきりがありません。

なかでも一番反省しなければならないのは、私の将来に対する見通しの甘さです。

落合さんの監督時代は、圧倒的な強さを誇っていましたが、落合さんが監督を退かれてからチームは低迷を始めました。中日が一番強かった落合さんの時代に、もっと将来に備えることができていれば、違った未来もあったかもしれません。

星野さんの時代は5年先、10年先を見据えたドラフト指名を常に心がけていましたが、落合さんの時代にも、果たしてそれができていただろうか。もちろん、そのときどきで最善を尽くしてきたつもりでしたが、現在のチームの状況を見ると、そんなことを思ってしまいます。スカウト部長として「無念」としか言いようがありません。ファンの皆様に心よりお詫び申し上げたい、そんな心境です。

チームが低迷、転換期にあるいま、立浪監督は泥を被る覚悟でチームの大改革を実行しています。いまは批判の声もありますが、近い将来、必ず強いドラゴンズを取り戻してくれると信じています。

ファンの皆様には今しばらく我慢していただかなければなりませんが、末永くドラゴンズを愛し、応援していただきたいと切にお願い申し上げます。

私も陰ながらドラゴンズの再興を念じて、結びの言葉に代えさせていただきます。

最後に、東京から名古屋の私の元まで何度も足を運び、ご尽力いただきました編集の永松欣也さん、書籍のお話を頂きました株式会社カンゼンの滝川昂さん、一冊の本に仕上げてくださった関係者の皆様に心より感謝申し上げます。

中田宗男（なかた・むねお）

1957年1月8日生まれ、大阪府出身。上宮高から日体大に進学し、78年オフにドラフト外で中日に入団。83年限りで引退し、プロ5年間の通算成績は7試合登板、1勝0敗、防御率9.00。84年からスカウトに転身し関西地区を中心に活動。03年から17年までスカウト部長を務め、2018年1月に定年退職したあとも編成部アマチュアディレクター、アマスカウト部アドバイザーとして球団のチーム編成に関わった。22年1月に退団し、38年のスカウト人生に終止符を打った。

企画・構成・ライティング　永松 欣也
本文・カバーデザイン　山内 宏一郎（SAIWAI DESIGN）
DTPオペレーション　松浦 竜矢
カバー・表紙写真　産経新聞社
オビ写真　時事通信社
編集　滝川 昂（株式会社カンゼン）

星野と落合のドラフト戦略
元中日スカウト部長の回顧録

発行日　2023年10月23日　初版

著者　中田 宗男
発行人　坪井 義哉
発行所　株式会社カンゼン
〒101-0021
東京都千代田区外神田2-7-1 開花ビル
TEL 03（5295）7723
FAX 03（5295）7725
https://www.kanzen.jp/
郵便為替 00150-7-130339
印刷・製本　株式会社シナノ

ISBN 978-4-86255-699-8　Printed in Japan
定価はカバーに表示してあります。

ご意見、ご感想に関しましては、kanso@kanzen.jpまでEメールにてお寄せ下さい。お待ちしております。